WILDBLUMEN PFLANZEN

Nektarreiche Blüten
für hübsche Nützlinge

*Fingerhut,
Baumhummel
& Schnecke*

WILDBLUMEN PFLANZEN

Nektarreiche Blüten
für hübsche Nützlinge

JANE MOORE

UMSCHLAG- UND KAPITELAUFMACHERILLUSTRATIONEN
VON JAMES WESTON LEWIS

ILLUSTRATIONEN IM INNENTEIL
VON CLAIRE HARRUP

INHALT

08	EINLEITUNG
11	KAPITEL 1 *Warum sollten Sie in Ihrem Garten Wildblumen pflanzen?*
27	KAPITEL 2 *Welche Wildblumen sollte man pflanzen?*
45	KAPITEL 3 *Mehr Leben im Rasen*
63	KAPITEL 4 *Wie man eine Blumenwiese anlegt*
83	KAPITEL 5 *Zehn Dinge, die Sie über Wildblumen wissen sollten*
95	KAPITEL 6 *Wildblumen für jeden Garten*
113	KAPITEL 7 *Wildblumen für jede Jahreszeit*
131	KAPITEL 8 *Quellen und Literaturtipps* *Verzeichnis der Pflanzennamen*

Storchschnabel & Schwebfliege

Für meine Dozenten und Klassenkameraden
am Cannington College

Wildblumen sind kleine Wunder der Natur; sie sind geborene Überlebenskünstler, die selbst bei ungünstigsten Bodenverhältnissen wachsen, scheinbar unfruchtbare Böden besiedeln und sogar verheerende Dürreperioden, kriegerische Verwüstung und nukleare Verseuchung überstehen. So sind diese zarten Wesen oft auch ein Zeichen der Hoffnung und Zuversicht. Viele von ihnen kennt man, auch wenn man sich ihre Namen vielleicht nicht so leicht merken kann. Ihre Anpassungsfähigkeit macht sie zu idealen Pflanzen auch für den Garten – leicht selbst auszusäen, sind sie rasch wüchsig und robust. Sie beleben die Tierwelt im Garten, und in all ihrer Schlichtheit und Schönheit erinnern sie uns an unsere Kindheit.

Wildblumen wachsen fast überall. Egal, wie viel Erfahrung Sie in der Gartenarbeit haben, Sie sollten sie einmal ausprobieren. Auch wenn Sie keinen Garten besitzen oder in der Stadt in einer Wohnung oder einem Appartement leben, gibt es ziemlich sicher auch Wildblumen in Ihrer näheren Umgebung.

Wildblumen sind wunderschön anzusehen, ob sie nun als dichter Teppich auf einer Bergwiese in den Alpen oder vereinzelt am Strand der Ostsee wachsen, sind sie kleine Kunstwerke der Natur. Die zarten Blüten des wilden Mohns oder die winterliche Silhouette einer stacheligen Karde sind ebenso schön wie die Massen blau blühender Leberblümchen, die im Frühling den Boden unter den Bäumen im Wald bedecken.

Viele dieser kleinen Schönheiten stellen keine besonderen Ansprüche an ihren Standort, bei einigen sollte man sogar damit rechnen, dass sie dazu neigen, sich stark auszubreiten. Ich liebe das große Schmalblättrige Weidenröschen – eine der ersten Pflanzen, die ich als Kind kennengelernt habe, als sie ein

Baugrundstück in der Nähe des Hauses meiner Eltern besiedelte –, aber ich würde es nie in meinen kleinen Stadtgarten pflanzen, da es schnell alles andere verdrängen würde. Auch bei Wildblumen gilt die Regel, dass man Pflanzen immer nur an den für sie geeigneten Standort pflanzen sollte, und so tendiere ich eher zu der filigranen Schachbrettblume bzw. zu Mohn- und Kornblumen in meinem Garten. Das Schöne an vielen Wildblumen ist auch, dass ihre Namen meist wunderbar aussagekräftig sind und sich oft von Region zu Region und sogar von Ort zu Ort unterscheiden.

Alle Blumen, außer denen, die durch Kreuzung neu gezüchtet und kultiviert wurden, kommen irgendwo auf der Welt als Wildblumen vor. Ob Sie allerdings nichtheimische Wildblumen in ihrem Garten anpflanzen, bleibt natürlich jedem selbst überlassen. Naturschützer bevorzugen oft ausschließlich einheimische Wildblumen, aber versuchen Sie dieses Thema einmal einer Hummel zu erklären, die sich an einem spät blühenden Schmuckkörbchen in Ihrem Garten erfreut. Wie immer im Leben ist es auch hier am besten, die Entscheidungen zu treffen, zu denen man selbst voll und ganz stehen kann. Aus diesem Grund habe ich in diesem Buch versucht, hierfür die bestmöglichen Informationen zusammenzustellen. Dabei beansprucht das Büchlein keine Vollständigkeit – ich konnte unmöglich alle Wildblumen aufführen, die ich wollte. Darüber hinaus gibt es viele Wildblumen, die ausschließlich in Wäldern, an Meeresküsten, in Mooren, im Gebirge etc. gedeihen und die ich ebenfalls nicht berücksichtigen konnte. Stattdessen habe ich mich darauf beschränkt, in Gärten einfach anzupflanzende, bekanntere und in einigen Fällen auch geradezu berüchtigte Wildblumen aufzunehmen, die ich alle liebe. Es gibt also noch viel mehr Pflanzen zu entdecken. Und ich würde mich freuen, wenn ich Ihre Faszination für Wildblumen wecken konnte.

KAPITEL 1
WARUM SOLLTEN SIE IN IHREM GARTEN WILDBLUMEN PFLANZEN?

Es gibt viele gute Gründe, warum der Anbau von Wildblumen sinnvoll ist. Zum einen ist er gut für unsere Umwelt und das Ökosystem, vor allem für heimische Tiere und Insekten, die auf bestimmte Wildpflanzen angewiesen sind. Immer mehr natürliche Lebensräume sind auf der Welt bedroht, inklusive der dort vorkommenden Flora und den Tieren, die nicht selten abhängig von bestimmten Pflanzen sind. Man denke nur an den Amerikanischen Monarchfalter und seine lange Wanderschaft von Kanada bis nach Mexiko, die sich über mehrere Generationen erstreckt, die alle auf Seidenpflanzen (*Asclepias*) als Futter im Raupenstadium angewiesen sind. Mit zunehmender Intensivierung der Landwirtschaft wurde der Bestand der Pflanzen aber immer weniger, was schließlich auch das Überleben des Monarchfalters bedrohte. Bemühungen, die Bevölkerung in den USA zu ermuntern, in ihren Gärten Seidenpflanzen anzusiedeln, um den Monarchfaltern ein Überleben zu ermöglichen, zeigen erste Erfolge.

Dies ist nur ein Beispiel dafür, wie wichtig das Anpflanzen von Wildblumen sein kann. Seidenpflanzen sind nicht besonders attraktiv, es sei denn, man ist ein Monarchfalter. Auch viele andere Wildblumenarten sind vielleicht nicht die erste Wahl, wenn es darum geht, einen Garten zu gestalten. Aber Sie werden überrascht sein, wie viele von ihnen wirklich hübsch anzusehen sind und nicht nur Ihren Garten verschönern, sondern auch Insekten und Wildtieren zugutekommen.

GUTE GRÜNDE FÜR WILDBLUMEN IM EIGENEN GARTEN

Erstens: weil es so einfach ist. Wildblumen haben sich darauf spezialisiert, das Beste aus bestimmten Bedingungen zu machen, und wenn Ihr Garten diese Verhältnisse bietet, werden sie gut gedeihen. Aus diesem Grund sind Wildblumen vor allem auch für schwierige Gärten geeignet. Wenn Ihr Garten exponiert, trocken und windig ist oder nur eine dünne Humusschicht besitzt, können Sie aus einer Vielzahl an verschiedenen Wildblumen wählen, die dort bevorzugt wachsen. Gleiches gilt, wenn Ihr Garten schattig, feucht oder steinig ist.

Zweitens sind Wildblumen äußerst robust und genügsam. Die zierlichen Schönheiten sind aus hartem Holz geschnitzt und halten extremen Wetterbedingungen stand: Wind, Regen, Überschwemmungen und sogar Feuer. Sie scheinen manchmal für ein paar Jahre zu verschwinden, nur um dann wieder aufzutauchen, wenn die richtigen klimatischen Bedingungen zusammentreffen und sie zum Blühen bringen, trotz aller Widrigkeiten.

Nicht zuletzt sollten Sie Wildblumen anpflanzen, da sie wichtiger Bestandteil eines lebendigen Ökosystems und deshalb für den Garten von unschätzbarem Wert sind. Sie locken nicht nur Bienen und andere Insekten an, sondern auch Vögel und kleine Säugetiere, die sich von ihren Samen ernähren, sowie Tierarten, denen Insekten als Nahrung dienen. Viele Pflanzen und Insekten leben in einer für beide Seiten vorteilhaften Symbiose. Wenn Sie also heimische Wildblumenarten pflanzen, fördern Sie die Tierwelt in Ihrem Garten auf vielfältigere Weise, als Sie vielleicht auf den ersten Blick vermuten.

WAS GENAU IST EINE »WILDBLUME«?

Wildblumen im engeren Sinne sind Pflanzen, die in freier Natur wachsen – sie wurden nicht absichtlich angebaut, ausgesät oder gepflanzt, und sie sind an dem Ort, an dem sie wachsen, heimisch. Das bedeutet, dass diese Pflanzen keine Züchtungen oder Hybriden sind und dass sie in der Regel keine gefüllten Blüten haben. Der Begriff »Wildblume« ist ein Sammelbegriff für viele verschiedene Arten, die unter Umständen auch in einem anderen Teil der Welt als Wildblumen gelten, und nicht unbedingt bei uns heimisch sein müssen. Das soll nicht heißen, dass Sie Wildblumenmischungen, die oft auch nichtheimische Arten enthalten, keinesfalls aussäen sollten. Bienen und Vögel sind nicht wählerisch, woher ihr Nektar und ihre Samen kommen. »Einheimisch« bedeutet, dass diese Pflanzen für ein bestimmtes Land oder Gebiet typisch sind.

Eine andere, ebenso verbreitete Art von Wildblumen sind »eingebürgerte« Arten – solche Pflanzen, die als heimisch gelten, weil sie schon so lange in einem Gebiet vorkommen. Nehmen Sie z. B. das Zimbelkraut in Mitteleuropa oder den Echten Alant, der ursprünglich aus Klein- und Zentralasien stammt und seit dem Mittelalter bei uns als Heil- und Gewürzpflanze angepflanzt wurde. Unter diese Kategorie von Wildpflanzen fallen solche, die absichtlich eingeführt wurden und dann in die freie Natur entkommen sind, wie es z. B. beim Alant der Fall war, aber auch solche, die zufällig eingeschleppt wurden und sich dann großflächig verbreitet haben. Ein gutes Beispiel dafür ist das Drüsige Springkraut, eine hübsche, aber expansive Pflanze mit explosiven Samenkapseln, die man an Flüssen und Wasserläufen findet. Diese »invasiven« Pflanzen können in ihren nichtheimischen Lebensräumen erhebliche Probleme verursachen, da sie die heimische Flora verdrängen und langfristige Probleme verursachen.

Die Wasserhyazinthe ist ein Paradebeispiel dafür. Ursprünglich im Amazonasgebiet in Südamerika beheimatet, gilt sie heute in mehr als 50 Ländern als invasive Pflanze, die Wasserläufe und sogar ganze Seen verstopft, deren Sauerstoffgehalt verringert und so Brutstätten für Moskitos bietet. Erstaunlicherweise ist dieses attraktive Pflänzchen noch weithin im Handel erhältlich, obwohl es sich bei entsprechenden Umweltbedingungen praktisch nicht eindämmen lässt. Man geht davon aus, dass die weltweite Ausbreitung durch die Entsorgung unerwünschter Teich- und Aquarienpflanzen sowie durch Sportboote verursacht wurde.

Dies alles zeigt, wie wichtig es ist, vor allem heimische Wildblumenarten zu pflanzen. Die gute Nachricht ist, dass das gar nicht so schwer ist, denn Wildblumen lassen sich ganz einfach anpflanzen. Schauen Sie sich die Pflanzen an, die in der Natur auf den Wiesen, Feldern und in den Wäldern rund um Ihr Haus wachsen, und sie werden feststellen, dass diese Arten auch in Ihrem Garten gut gedeihen. Sie sind vielleicht nicht so auffällig wie hochgezüchtete Gartenblumen, aber es gibt beispielsweise kaum eine schönere Pflanze als den Wiesen-Storchschnabel (*Geranium pratense*) mit seinen zarten, himmelblauen Blüten, die sich über den fein geschnittenen Blättern erheben. Außerdem sind viele der gebräuchlichen Gartenpflanzen oft Varianten einheimischer oder auch exotischer Wildblumen, vorzugsweise aus Nordamerika. Eine meiner Lieblingspelargonien für den Garten ist *Geranium pratense* ‚Mrs. Kendall Clark', die fast genauso aussieht wie die Wildform, aber eisblaue Blüten hat. Sie wären überrascht, wie viele unserer traditionellen »Gartenblumen« nur Variationen von Blumen sind, die wild um uns herum wachsen.

WO WACHSEN WILDBLUMEN IN DER NATUR?

Wildblumen wachsen überall. Schauen Sie sich in Ihrer näheren Umgebung einmal um, und Sie werden Wildblumen entdecken, die in Rissen in Gehwegen, auf verwilderten Brachflächen, auf Baustellen und sogar auf Dächern und in Dachrinnen wachsen. Wildblumen nutzen jede auch noch so kleine Möglichkeit, um sich anzusiedeln, zu blühen und sich zu vermehren. Obwohl sie vielleicht nicht immer spektakulär blühen, sind sie wichtig, weil sie einfach überall wachsen und auch in unseren Städten weit verbreitet sind. Sie liefern Pollen, Nektar und Samen für die Tierwelt. Und genau auch aus diesem Grund spielen unsere Gärten eine so wichtige Rolle im städtischen Ökosystem.

Wildblumen haben sich an ihre Umgebung angepasst – oft in einzigartiger Weise. Wenn Sie bei der Aussaat eines Wildblumenbeets den Aufwand scheuen, können Sie z. B. Saatgut von einem Feld oder Baugrundstück in der Nähe sammeln. Damit ist die Herkunft der Pflanzen so lokal wie nur möglich. Viele Organisationen, die Saatgut von Wildblumen anbieten, tun genau das – z. B. der National Trust in Großbritannien oder das Netzwerk blühende Landschaft in Deutschland. Auf diese Weise können Sie absolut sicher sein, dass sich das Scharbockskraut aus Oberbayern nicht mit dem Scharbockskraut aus Mecklenburg vermischt. Auch wenn beide Arten auf den ersten Blick ein und dieselbe Pflanze zu sein scheinen, sind sie es nicht. Jede Art hat subtile, aber wichtige Unterschiede, die ihr das Überleben in einer bestimmten Region ermöglichen.

Wildblumen sind oft typisch für einen bestimmten Standort – ein Hasenglöckchen aus dem sonnigen Rheintal kann sich z. B. deutlich von einem im Bayerischen Wald unterscheiden. Eines meiner Lieblingsbeispiele ist das irische Heidekraut. Man könnte meinen, dass Heidekraut in Großbritannien vor allem

in Schottland vorkommt. Doch auch in Irland gibt es Heidekraut und es unterscheidet sich deutlich von schottischem Heidekraut, obwohl sie miteinander verwandt sind – sie haben sich im Laufe der Zeit unterschiedlich angepasst und entwickelt.

Viele Wildblumenarten sind spezifisch an ihre Standortbedingungen angepasst. Hasenglöckchen, egal ob in England oder Deutschland, wird man nicht in einem dichten Nadelwald finden. Sie gedeihen ähnlich wie Farne, Leberblümchen und Buschwindröschen eher in lichten Laubwäldern.

Sie werden überall in der Welt Blumen finden, die spezifisch für ihre Region sind. In den USA beispielsweise werden viele der Wildblumen, die die Prärien, Hügel, Berge und Wüsten der unterschiedlichen Bundesstaaten bevölkern, in anderen Teilen des Landes einfach nicht gedeihen, geschweige denn irgendwo anders. Erstaunlicherweise sind jedoch viele der amerikanischen Wildblumen in Europa zu äußerst beliebten Beetpflanzen geworden. Rudbeckien (*Rudbeckia*), Sonnenhut (*Echinacea*) und Mädchenauge (*Coreopsis*) sind für die europäische Tierwelt ebenso nützlich wie für Bienen und Schmetterlinge in den USA. Das zeigt, dass der Nutzen einer Wildblume – ob heimisch oder nicht – für die lokale Tierwelt am wichtigsten ist.

WARUM SIND WILDBLUMEN SO WICHTIG?

Setzen Sie sich einfach einmal einige Minuten hin, beobachten Sie eine Wiese, und sie werden verstehen, warum Wildblumen für die Natur von immenser Bedeutung sind. Bald schon werden Sie das Summen von Insekten hören – von Wild- und Honigbienen, Hummeln, Schwebfliegen und manch anderen weniger glamourösen Arten. Blumen bieten Insekten Nektar und Pollen sowie Unterschlupf, einen Ort zur Eiablage und – für Schmetterlinge und Falter – einen Ort zum Verpuppen. Bei all diesen Insekten ist es nicht verwunderlich, dass man auch Vögel über die Wiese fliegen sieht, die die Insekten jagen. Für viele der Vögel sind später im Jahr die Samen der ausgereiften Blüten eine wichtige Nahrungsquelle. Nagetiere wie Mäuse freuen sich ebenfalls über die Samen, während Raubtiere wie Falken und Füchse wiederum Mäuse als Nahrung schätzen. Dieser ökologische Kreislauf des Lebens beginnt in Ihrem Wildblumenbeet.

Ein Wildblumenbeet muss noch nicht einmal groß sein, aber es sollte »wild« sein. Eine Studie der Universität Leeds ergab, dass Gärten mit einem akkurat gepflegten Rasen und vielen Beet- und Kulturpflanzen für Bienen weit weniger attraktiv sind als Gärten mit einer Blumenwiese, also viel Klee und Wildblumen, sowie mit Platz für Wildkräuter wie Brennnesseln und vielleicht ein paar Brombeeren. Der springende Punkt ist, dass viele Kulturpflanzen wenig oder gar keinen Pollen produzieren und dass gefüllte Blüten zwar schön anzusehen, aber für Bienen nur wenig attraktiv sind. Viele klassische Beetpflanzen sind F1-Hybriden, die zwar hübsch und wüchsig sind, aber weder Pollen noch Nektar oder Samen bilden. Anstelle von manch exotischem Pflanzenschatz ist es für die Bienen viel besser, wenn Sie eine Ringelblume mit einfachen, ungefüllten Blüten mitsamt all dem herrlichen Pollen pflanzen.

Und denken Sie immer daran: Nur wenn man etwas ändert, kann man auch etwas bewirken. Jeder noch so kleine Schritt zählt. Gärten machen einen beträchtlichen Teil der Grünflächen in Städten aus, und die Art und Weise der Gartengestaltung hat einen enormen Einfluss auf die lokale Wildtierpopulation. Die Studie in Leeds ergab, dass Gärten fast ein Drittel, d. h. 30 %, der Grünflächen der Stadt ausmachen. In ganz England nehmen städtische Gebiete 10 % der Landfläche ein, wovon zwischen 20 und 40 % auf Gärten entfallen. Man denke nur an das Potenzial für die Tierwelt in all diesen Gärten – und alles beginnt mit einer Handvoll Wildblumensamen.

WILDBLUMEN-KUNDE

LÖWENZAHN

Wahrscheinlich haben Sie sich so sehr daran gewöhnt, im Frühjahr überall gelb blühenden Löwenzahn zu sehen, dass Sie ihn fast nicht mehr wahrnehmen. Diese sonnengelben kleinen Blumen werden von vielen als hartnäckiges Unkraut und lästiges Übel im Garten angesehen, und es wird viel Zeit und Geld darauf verwendet, den Rasen von ihnen zu befreien – meist mit nur teilweisem Erfolg. Dabei ist der »unaufhaltsame« Löwenzahn mindestens so alt wie die Menschheit. Seine Verwendung als Heilpflanze ist in alten Überlieferungen aus China und Ägypten belegt.

In der griechischen und römischen Mythologie wurde der Löwenzahn aus dem Staub geboren, den Apollos Sonnenwagen bei seiner Fahrt über dem Himmel aufwirbelt, weshalb er sich bei Sonnenaufgang öffnet und bei Sonnenuntergang wieder schließt. In einem anderen griechischen Mythos aß Theseus 30 Tage lang Löwenzahn, um sich vor seinem Kampf mit dem Minotaurus zu stärken. In vielen Völkern wird der Löwenzahn wegen der Art und Weise, wie sich seine Blütenblätter mit der Sonne öffnen und schließen, als »Hirtenuhr« bezeichnet, während wir die schwebenden

Löwenzahnsamen in meiner Kindheit immer »Fallschirme« nannten. Diese Samen, die im Wind schweben und Gärten und Straßenränder mit noch mehr Löwenzahn bevölkern, bewirkten auch, dass die Pflanze von alters her mit Wachstum und Transformation in Verbindung gebracht wird. Andere sind der festen Meinung, dass man sich von schlechten Gewohnheiten oder Gedanken befreien kann, indem man die Samen-Fallschirme eines Löwenzahns wegpustet.

Der Name »Löwenzahn« ist eine Anspielung auf die gezackten, gezähnten Blätter (Löwenzähne) der Pflanze. Die Tatsache, dass diese kleine Blume so viele verschiedene Namen hat–- darunter »Pusteblume«, »Priesterkrone«, »Bitterkraut« bzw. »Kuh- oder Saublume« – spiegelt ihre Bedeutung im Alltag der Menschen wider. In der französischen Umgangssprache gibt es den Namen »Pisse-en-lit«, der daher rührt, dass junge Löwenzahnblätter nicht nur eine schmackhafte Zutat für Salate sind, sondern auch harntreibende Eigenschaften besitzen.

NATÜRLICHE FREUNDSCHAFTEN

BIENEN UND PFLANZEN

Die enge Beziehung zwischen Bienen und Pflanzen versteht sich fast von selbst. Beide sind voneinander abhängig, was beiden Vorteile bringt. Es ist eigentlich ganz einfach: Blumen versorgen Bienen mit Nektar und Pollen, die für die Ernährung ihrer Nachkommen unerlässlich sind, im Gegenzug helfen Bienen den Blumen, sich zu vermehren, indem sie den Pollen von einer Pflanze zur anderen bringen und sie damit bestäuben.

Bienen ernähren sich vom Nektar der Blumen, der speziell produziert wird, um Bienen und andere Insekten anzulocken. Wenn sie dort ankommen, werden sie mit Pollen bedeckt, einem »Pulver«, das das männliche Gen-Material der Pflanze enthält. Diese Pollen verteilen die Bienen dann auf andere Blüten, die sie besuchen, und bestäuben sie, sodass die Pflanze Samen bilden und sich selbst vermehren kann. Ohne die Tätigkeit der Bienen wäre dieser Zyklus von Bestäubung und Fortpflanzung fast unmöglich. Obwohl es auch andere Bestäuber gibt, darunter Schmetterlinge und Falter sowie einige Vögel und Fledermäuse, sind es vor allem Bienen, die diese überlebenswichtige Aufgabe erfüllen.

Honigbienen sind wohl die bekanntesten Bienen, obwohl sie nur einen kleinen Teil der rund 20 000 Bienenarten ausmachen. Allein in Deutschland gibt es über 600 Wildbienenarten. Vor allem Hummeln sind enorm wichtige Bestäuber, insbesondere von landwirtschaftlichen Nutzpflanzen und Wildblumen, aber auch die vielen Arten von Solitärbienen spielen eine große Rolle. Während viele Bienenarten gerne Nektar und Pollen von allen möglichen Pflanzen aufnehmen, sind einige Bienen auf

eine bestimmte Art von Blütenpflanzen spezialisiert. So gibt es beispielsweise die auf Efeu spezialisierte Efeu-Seidenbiene, die sich weitgehend von Efeublüten ernährt, während die Blüten der Bienen-Ragwurz, einer europäischen Wildorchidee, so aussehen, dass sie in Form und Farbe dem Körper einer Reihe von Wildbienenarten ähneln und damit paarungsbereite Bestäuberbienenmännchen anlocken.

KAPITEL 2

WELCHE WILDBLUMEN SOLLTE MAN PFLANZEN?

Wildblumen im eigenen Garten anzupflanzen, bedeutet nicht, dass der Garten wild bzw. unordentlich aussehen muss. Viele Wildblumen können in Beete und Rabatten integriert werden, wo sie blühen und herrlich aussehen. Sie werden überrascht sein, wie viele »Wildblumen« selbst in Gartencentern erhältlich sind.

Es gibt verschiedene Möglichkeiten, um Wildblumen im eigenen Garten oder auf dem Balkon anzupflanzen, und viele unterschiedliche Arten, aus denen man auswählen kann. Am einfachsten sind Einjährige zu pflanzen, die schnell und unkompliziert auszusäen sind. Das Tolle an einjährigen Pflanzen ist, dass man nur ein bzw. zwei Jungpflanzen oder einige Samen in einen Topf oder ein Pflanzgefäß setzt. Denn einjährige Pflanzen sind erstaunlich wuchsfreudig und kommen auch mit weniger idealen Bedingungen zurecht, sodass Sie damit ohne große Mühe gute Ergebnisse erzielen können. In Beeten und Rabatten kann man mit einjährigen Wildblumen problemlos Lücken füllen. Die Auswahl auf den Seiten 32–37 ist keineswegs vollständig – sie ist eine Auswahl von Pflanzen, die sich durch Farbe, Blütenpracht und Widerstandsfähigkeit auszeichnen. Probieren Sie gerne auch selbst andere Wildblumen aus, vermeiden Sie jedoch alles, was exotisch bzw. schwierig ist.

WILDBLUMENSAMEN AUSSÄEN
DIREKT IN DEN BODEN SÄEN

Dies ist die bei Weitem müheloseste Methode, bei der man einfach eine freie Stelle im Garten für die Aussaat vorbereitet, gegebenenfalls Unkraut entfernt und den Boden ein wenig auflockert. Sie können danach entweder ein paar Samen ausstreuen oder Sie legen, wenn Sie eine größere Fläche bepflanzen wollen, einige flache, nicht mehr als 1 Zentimeter tiefe Pflanzmulden in einem Abstand von etwa 20 Zentimetern an. Wenn der Boden trocken ist, können Sie ihn vorher etwas gießen. Auf jeden Fall sollten Sie die Samen aber nach dem Aussäen angießen, damit sie mit dem Erdreich in Kontakt kommen, was für die Keimung wichtig ist. Diese Methode eignet sich hervorragend für robustere Wiesenblumenarten wie Mohn, Kornblumen und Kornrade. Auch Fingerhut lässt sich auf diese Weise sehr gut aussäen.

AUSSAAT IN TÖPFEN

Dies ist eine ausgezeichnete Methode, um Arten anzupflanzen, die etwas mehr Pflege benötigen oder zweijährig sind, wie z. B. Fingerhut, der zwei Jahre bis zur Blüte braucht. Wenn Sie die Wildblumen in Töpfe aussäen, haben Sie auch den Feuchtigkeitsbedarf der Pflanzen genauer im Blick und können dann später entscheiden, wo Sie Ihre Blumen auspflanzen.

AUSSAAT IN PFLANZSCHALEN

Pflanzschalen sind eine wunderbare Methode für die Anzucht vieler Wildblumen, denn sie vereinen die Vorteile einer intensiveren Pflege wie bei der Aussaat in Pflanzgefäße mit einer großflächigen Aussaat. Die Aussaat in Pflanzschalen ist zwar effektiv, aber man muss die Jungpflanzen auch rechtzeitig umpflanzen, sobald die Pflanzen die Schale zu sehr durchwurzeln, da die Pflanzen sonst im Wachstum behindert werden. Alternativ kann man sie auch in größere Töpfe umtopfen. Ich liebe es, auf diese Weise Schlüsselblumen und Primeln gleich in größeren Mengen vorzuziehen.

10 LEICHT ANZUPFLANZENDE EINJÄHRIGE WILDBLUMEN

KORNBLUME
ODER **ZYANE**
Centaurea cyanus

Die wilde Kornblume hat im Sommer leuchtend blaue Blüten, die auch weiß, rosa- oder purpurfarben sein können. Kornblumen sehen nicht nur im Beet gut aus, sondern eignen sich auch hervorragend als Schnittblumen.

PFLANZTIPP: Aussaat von März bis Mai direkt in gut durchlässigen Boden an einem sonnigen Standort für Blüten von Juni bis September.

KLATSCHMOHN
Papaver rhoeas

Ein Feld mit wildem Mohn ist im Frühsommer ein prächtiger Anblick und auch für Bienen eine gute Nahrungsquelle. Mohn erscheint oft auch wie von selbst, wenn der Boden umgegraben oder ein Feld umgepflügt wird.

PFLANZTIPP: Aussaat von März bis Mai direkt in gut durchlässigen, mageren Boden an einem sonnigen Standort für Blüten im August und September, oder Aussaat im Spätsommer für frühe Blüten im darauffolgenden Jahr.

KORNRADE
Agrostemma githago

Die stattliche und elegante Kornrade mit ihren schönen violetten Blüten war früher ein häufiger Anblick in europäischen Kornfeldern. Heute ist sie vom Aussterben bedroht, was sie in meinen Augen zu einer unverzichtbaren Wildblume macht.

PFLANZTIPP: Aussaat im März oder April direkt in einen gut durchlässigen, nährstoffarmen Boden an einem sonnigen Standort für eine Blüte im August und September. Wenn Sie die Pflanze im Beet ansiedeln wollen, sollten Sie die bis zu einen Meter hohen Stängel anbinden und regelmäßig verblühte Blütenköpfe entfernen – aber lassen Sie die letzten Blüten im Jahr Samen bilden, da die Pflanzen sich selbst aussäen, wenn sie die Gelegenheit dazu bekommen.

ROTER FINGERHUT
Digitalis purpurea

Wer liebt ihn nicht, den Fingerhut mit seinen hohen Ähren aus gefleckten lila oder weißen Blütentrichtern? Er ist allerdings zweijährig, d. h., er bildet im ersten Jahr nur Blätter und erst im nächsten Jahr Blüten. Aber er sät sich selbst aus, sodass Sie Jahr für Jahr eine schöne Blüte erwartet. Er eignet sich hervorragend für Bienen, besonders für Hummeln, die sich manchmal über Nacht in den röhrenförmigen Blüten verstecken.

PFLANZTIPP: Aussaat direkt an Ort und Stelle oder in Schalen und Töpfe zu jeder Jahreszeit, dann an einen leicht schattigen Standort auspflanzen. Fingerhut ist perfekt für schattige Rabatten und halbschattige Sonnenplätze. Er bevorzugt offene Böden, weshalb man ihn auch oft auf Baustellen und Brachflächen antrifft.

GEWÖHNLICHER NATTERNKOPF
Echium vulgare

Diese zweijährige Pflanze lohnt sich wegen ihrer spektakulären kobaltblauen Blüten, die als Knospe noch rosa sind. Sie blüht von Juni bis September und ist ideal für besonders trockene, magere und sogar ausgedörrte Böden, wo sie zahlreiche Bienen und Schmetterlinge anlockt.

PFLANZTIPP: Aussaat direkt in gut durchlässigen, mageren Boden an einem sonnigen Standort zu jeder Jahreszeit.

MÄDCHENAUGE
Coreopsis tinctoria

Diese dankbare, lang blühende, eigentlich zweijährige Pflanze überdauert am richtigen Standort manchmal einige Jahre und sät sich selbst aus, wenn man sie lässt – in ihrer Heimat, den USA, manchmal zu sehr. Die großen, gelben Blüten mit dunkler Mitte sind für Bienen und andere Bestäuber attraktiv.

PFLANZTIPP: Säen Sie die Samen in Töpfe oder Schalen und pflanzen Sie sie an einen sonnigen Standort. Das Mädchenauge kommt mit den meisten Bodenarten zurecht, es bevorzugt aber leicht feuchte Böden.

RAINFARN-PHAZELIE
Phacelia tanacetifolia

Die in Europa ebenso beliebte wie in den USA heimische Bienenweide wird häufig als Bodendecker oder Gründüngung im Gemüse- und Ackerbau eingesetzt. In Gärten wirkt sie auf Bienen und andere Insekten unwiderstehlich, und ihre dichten, gekräuselten lavendelblauen Blüten sind langlebig und eignen sich hervorragend für Blumensträuße.

PFLANZTIPP: Säen Sie die Samen im Herbst oder im Frühjahr aus und achten Sie darauf, dass sie etwas mit Erde bedeckt sind, da sie abgedeckt in Dunkelheit besser keimen. Pflanzen Sie die Phazelie in die pralle Sonne, wo sie sich in den meisten Böden wohlfühlt, vor allem in trockenen Böden.

KOKARDENBLUME
Gaillardia pulchella

Wie der Name schon sagt, ist die Kokardenblume mit ihren rot-gelb gebänderten Blüten leuchtend bunt. Sie ist in den USA beheimatet, wo sie häufig an Straßenrändern wächst und von Juni bis September blüht.

PFLANZTIPP: Säen Sie die Samen flach in Töpfe oder Schalen und pflanzen Sie sie an einen vollsonnigen Standort, idealerweise in mageren, trockenen Boden.

WILDE MÖHRE
Daucus carota

Der Name der Wilden Möhre klingt vielleicht nicht allzu aufregend, aber sie ist eine Schönheit mit großen, cremefarbenen, schirmartigen Blüten, die sich beim Verblühen in filigrane Strukturen verwandeln. Sie ist ebenfalls zweijährig, liebt magere Böden und trockene Standorte, wo ihre tiefe, karottenartige Pfahlwurzel selbst tief liegende Feuchtigkeit im Boden erreichen kann. Außerdem ist sie eine hervorragende Nahrungsquelle für Bienen, Schwebfliegen und Käfer. In den

USA hat sie sich in einigen Bundesstaaten als problematisch erwiesen, wo sie allzu erfolgreich war und sich stark ausbreitete.

PFLANZTIPP: Säen Sie die Samen im Herbst aus, da sie eine Kälteperiode benötigen, um keimen zu können.

GEMEINE NACHTKERZE
Oenothera biennis

Wie ihr lateinischer Name vermuten lässt, handelt es sich auch hier um eine zweijährige Pflanze, die sich jedoch so reichlich selbst aussät, dass sie jedes Jahr zu blühen scheint. Sie eignet sich hervorragend für trockenere und nährstoffarme Böden, wo sie gut gedeiht und sogar neben Bahngleisen auf Schotter wächst. Diese aus den USA stammende Pflanze ist auch in Europa fast überall anzutreffen, und ihre zitronengelben, offenen Blüten sind nicht zu übersehen.

PFLANZTIPP: Säen Sie die Samen im Spätherbst oder im zeitigen Frühjahr in Töpfe oder direkt in die Erde. Bei der Anzucht in Töpfen sollten Sie darauf achten, dass Sie die Pflänzchen im ersten Jahr auspflanzen, wenn sich eine Blattrosette bildet, da diese hochgewachsene Pflanze einige Zeit benötigt, um ihre lange Pfahlwurzel im Boden zu entwickeln.

WIETERE EINJÄHRIGE WILDBLUMEN, DIE LEICHT SELBST ZU ZIEHEN SIND

- **LEIN** *Linum*
- **VERGISSMEINNICHT** *Myosotis*
- **COSMEA, SCHMUCKKÖRBCHEN** *Cosmos*
- **RINGELBLUME** *Calendula*
- **BORRETSCH** *Borago officinalis*
- **WILDE KARDE** *Dipsacus*
- **FELDRITTERSPORN** *Consolida*
- **ZINNIE** *Zinnia*
- **WUCHERBLUME** *Glebionis*
- **SONNENBLUME** *Helianthus*

*»Als ich wanderte durch den Wald,
Zwischen der grünen Blätter Dach,
Hört' ich 'ne Wildblume,
Singen ein Liede sacht«.*

WILLIAM BLAKE

---

*Von oben links, im Uhrzeigersinn:
Vergissmeinnicht, Schmuckkörbchen,
Lein, Karde, Ringelblume, Borretsch*

WILDBLUMEN-KUNDE

WIESEN-SCHAUMKRAUT
Cardamine pratensis

Das Wiesen-Schaumkraut klingt nicht gerade nach einer attraktiven Wildblume, bis man erfährt, dass sie im Volksmund auch »Kuckucksblume« genannt wird, weil man glaubte, dass sie den ersten Kuckuck des Frühlings ankündigt. Diese bezaubernde kleine Pflanze, die im späten Frühjahr auf feuchten, grasbewachsenen Wiesen und Mooren wächst und deren Blütenblätter rosa- oder zart lilafarben sind, ist eine meiner liebsten Frühlingsblumen. Sie ist auch unter den Namen »Muttertagsblume«, »Milchblume« und »Maiblume« bekannt und wird mit den Maifeiern in Verbindung gebracht, als die »Heckenhexen« verschiedene Teile der Pflanze für Liebestränke und Fruchtbarkeitszauber verwendeten – aber auch für das Gegenteil: Zaubersprüche, die Liebe und Fruchtbarkeit fernhalten sollten.

Dem Schaumkraut wurde nachgesagt, es sei den Feen heilig, daher auch im Englischen ihr Beiname »Feenblume«. Es brachte Unglück, Schaumkraut mit ins Haus zu bringen, wahrscheinlich weil man glaubte, dass es Feen ins Haus locken würde.

Einer der vielen nützlichen Aspekte des Wiesen-Schaumkrauts, die eher auf Tatsachen als auf Volksglauben beruhen, ist, dass sein Nektar vor allem Bienen und Faltern zugänglich ist. Die Blüten sind außerdem eine wichtige Pollenquelle für die seltene Sandbiene.

NATÜRLICHE FREUNDSCHAFTEN

VÖGEL UND MISTELN

Die Mistel ist eine der ungewöhnlichsten Pflanzen in unseren Gärten. Sie ist bei der Verbreitung ihrer Samen vollkommen auf Vögel angewiesen und hängt oft in großer Zahl als grünes Knäuel in Bäumen. Da sie ein sehr erfolgreicher Parasit ist, besiedelt sie manchmal ganze Gehölze. Biologisch gesehen ist die Mistel ein Halbparasit, d. h., sie gewinnt einen Teil ihrer Energie selbst durch Fotosynthese, der Rest stammt von ihrer Wirtspflanze, normalerweise Laubbäume wie Eichen oder Apfelbäume.

Die Mistel ist sehr anpassungsfähig und hat mehr als 1000 Unterarten entwickelt, die sich auf so unterschiedliche Wirte wie Kiefern oder Kakteen spezialisiert haben.

Eine weitere clevere Eigenschaft von Misteln ist, dass ihre hellen, durchscheinenden Beeren unglaublich klebrig sind – und das müssen sie auch sein, denn sie haben nur auf einem Baum die Chance zu keimen, nicht im Boden. Und hier kommen die Vögel ins Spiel: Die verschiedenen Mistelarten locken in den unterschiedlichen Regionen, in denen sie wachsen, auch unterschiedliche Vögel an, die sie fressen. In den USA ist der Trauerseidenschnäpper im Winter auf die Mistel als Hauptnahrungsquelle angewiesen und verbreitet damit die Pflanze über die Akazien und Mesquite-Bäume der Sonora-Wüste.

In Deutschland sieht man häufig Mönchsgrasmücken und Drosseln, vor allem Misteldrosseln, die sich an den Früchten laben, die die Pflanze im Winter, wenn es kaum andere Nahrung gibt, auf geschickte Weise den Tieren anbietet. Die klebrigen Beeren bleiben an den Schnäbeln der Vögel haften, die sie dann auf einen Zweig abstreifen und den Mistelsamen genau dort ablegen, wo er hingehört – auf einem anderen Baum.

Für den Fall, dass dies nicht klappt, hat die Mistel einen Plan B: Sie wartet darauf, dass der Samen in der gefressenen Beere den Darm des Vogels wieder verlässt und auf einem Zweig oder Ast ausgeschieden wird.

Sie haben sich vielleicht über Ihren Rasen noch keine großen Gedanken gemacht, haben ihn bislang nur als grüne Begrenzung Ihrer Beete, bestenfalls noch als Fußballfeld oder Platz zum Sonnenbaden wahrgenommen, aber es gibt viel mehr, für das Ihr Rasen gut sein kann. Wenn Sie das nächste Mal in der Sonne liegen, sehen Sie sich genau an, was in den Grashalmen unter Ihnen passiert. Ich garantiere Ihnen, dass dort ein reges Treiben herrscht: Ameisen, Asseln, Spinnen und Käfer nutzen den »grünen Teppich« als Unterschlupf.

Ihr Rasen besteht wahrscheinlich aus viel mehr als nur Gräsern. Wenn Sie nicht gerade Unkrautvernichter verwenden, werden darin kleine Gänseblümchen hervorspitzen, die selbst nach dem Mähen schnell wieder auftauchen. Je weniger Sie sich mit dem Bekämpfen von Unkraut beschäftigen, desto größer wird die Vielfalt an Pflanzen in Ihrem Rasen sein.

Aber warum ist das so wichtig? Sie müssen sich einen unkrautfreien Rasen wie eine Wüste vorstellen. Es handelt sich um eine Monokultur, die nur mit großem Aufwand in diesem Zustand erhalten werden kann. Auch für die Tiere Ihres Gartens ist er eine Wüste, weil im kurz geschnittenen Rasen keine Blüten zu finden sind, und damit auch kein Nektar oder Pollen für Insekten, keine Samen für Vögel und Mäuse. Je mehr Blumen Ihr Rasen enthält, desto mehr Wildtiere locken sie an, geben ihnen Nahrung und bieten ihnen einen Lebensraum.

Ihr Rasen ist für wild lebende Tiere ein wichtiges Ökosystem – sofern Sie aufhören, zu düngen, alles Unkraut zu vernichten und das Gras extrem kurz zu mähen. Sie werden sehen, dann zeigen sich die ersten Wildblumen wie von selbst. Wenn sich Blumen wie Gänseblümchen und Klee in Ihrem Rasen wieder ausbreiten, belebt das auch die Tierwelt in Ihrem Garten – und schadet dabei dem Rasen in keinster Weise, sogar im Gegenteil. Tatsächlich sind Wildblumen oft viel widerstandsfähiger gegen Dürreperioden als Grasarten, sodass Gänseblümchen und Klee Ihren Rasen noch grün aussehen lassen, wenn reine Rasenflächen braun und ausgetrocknet sind. Der Rasen ist dann vielleicht nicht mehr so perfekt wie auf einem Golfplatz, aber er ist immer noch kurz und robust genug für ein Fußballspiel.

DIE BESTEN WILDBLUMEN FÜR EINEN RASEN

WIESENKLEE ODER ROTKLEE
Trifolium pratense

Die charakteristischen Kleeblätter findet man fast überall, im Gartenrasen, an Hecken, in Äckern und auf Wiesen. Der Rotklee ist einer der größeren und kräftigeren unter den verschiedenen Kleearten. Seine rosaroten, nektarreichen Blüten erscheinen vom Frühjahr bis in den Herbst, wenn er die Gelegenheit zum Blühen bekommt. Und es lohnt sich, ihn im Rasen blühen zu lassen, da seine Blüten viele verschiedene Bienenarten anlocken, darunter Honig- und Wildbienen sowie alle Arten von Hummeln.

WEISSKLEE
Trifolium repens

Haben Sie schon einmal einen vierblättrigen Glücksklee gefunden? Ebenso häufig wie Rotklee ist Weißklee in Rasenflächen zu finden und bei Wildtieren ebenso beliebt. Mit seinen am Rand fein gezackten dreigeteilten Kleeblättern ist er leicht zu erkennen. Seine Blätter sind eine wichtige Nahrungsquelle für viele Tiere, von kleinen Nagetieren bis hin zu Rehwild. Wie andere Kleearten gehört auch der Weißklee zur Familie der Erbsengewächse und versorgt durch die Knöllchenbakterien an seinen Wurzeln den Boden mit Stickstoff. Diese helfen ihm, selbst in

Trockenperioden üppig und grün zu bleiben. Vierblättrige Kleeblätter gibt es tatsächlich, und in den USA gibt es sogar Kleefarmen, die sich auf den Anbau von Klee spezialisiert haben, um ihn als Glücksbringer zu verkaufen.

GÄNSEBLÜMCHEN
Bellis perennis

Wahrscheinlich haben Sie bereits Gänseblümchen in Ihrem Rasen – sie sind eine der häufigsten und am leichtesten zu erkennenden Wildblumen überhaupt. Sie blühen praktisch das ganze Jahr über, und ihre dichten Blattrosetten breiten sich allmählich über den Rasen aus und verdrängen das Gras. Gänseblümchen lieben das kürzere Gras eines Rasens und blühen selbst knapp unter der Schnitthöhe des Rasenmähers, wobei sie zierliche kleine Blüten hervorbringen, die man früher »Tausendschön« nannte. Vielleicht erinnern Sie sich an die Freude, die Sie als Kind hatten, als Sie Gänseblümchen-Ketten flochten? Oder an das Spiel »Er liebt mich, er liebt mich nicht«, bei dem man einzelne Gänseblümchenblüten abzupft, bis die Antwort klar wird?

GEWÖHNLICHER HORNKLEE
Lotus corniculatus

Seine zierlichen Kleeblätter sind leicht zu übersehen, bis die Pflanze blüht. Die leuchtend gelben kleinen Lippenblüten und die orangeroten Knospen sind typisch für ihn. Seinen Namen verdankt er den krallenförmigen Samenständen. Er siedelt sich zwar schwerer an als andere Rasenblumen, aber wenn man ihn erst einmal im Rasen hat, sät er sich selbst aus und verbreitet sich munter weiter – was sehr gut ist, denn er ist eine wichtige Nahrungspflanze für verschiedene Schmetterlinge, darunter auch viele, die als gefährdet gelten.

KLEINE BRAUNELLE
Prunella vulgaris

Die kriechenden, dunkelgrünen Triebe und Blätter der Braunelle fallen kaum auf, bis sie blüht und mit ihren kleinen, violettblauen Blütenähren eher wie eine Staudenpflanze im Miniaturformat aussieht. Schon von alters her wurde die Kleine Braunelle in der Kräutermedizin zur Heilung von Wunden bis hin zur Behandlung von Halsschmerzen eingesetzt. Sie wächst an Straßenrändern und Wäldern sowie eben auch in unbehandelten Rasenflächen. Um sie zur Blüte zu bringen, sollte man einige Wochen auf das Mähen verzichten, denn ihre Blüten sind wunderschön und eine wichtige Nektarquelle für Bienen und Wespen.

GEMEINE SCHAFGARBE
Achillea millefolium

Die so typischen, gefiederten Blätter der Schafgarbe sind unverkennbar, auch wenn sie noch nicht blüht. Die Schafgarbe ist eine echte Überlebenskünstlerin, die mit ihren tiefen, wasserspeichernden Pfahlwurzeln selbst mit unwirtlichen Standorten, wie z. B. sonnigen Wegrändern und trockenen Wiesen, gut zurechtkommt. Wenn man sie lässt, sprießen ihre eleganten rosa und weißen Blütenköpfe aus den dichten Rosetten ihrer gefiederten Blätter. Ihre Eleganz und Ausdauer haben die Schafgarbe zu einer Pflanze gemacht, die Gärtner zu einer Reihe attraktiver Beetpflanzen weitergezüchtet haben, wie beispielsweise die *Achillea*-'Tutti-Frutti'-Sorten.

GEWÖHNLICHER LÖWENZAHN
Taraxacum officinale

Der gewöhnliche Löwenzahn hat bei Gärtnern meist einen schlechten Ruf und ist ihnen mit seinen charakteristischen tiefen Pfahlwurzeln ein lästiges Unkraut, das man auszumerzen versucht. Allerdings ist er ein beispielhafter Gewinn für die Tierwelt, denn er blüht reichlich und früh in der Saison und ist eine wichtige Nahrungsquelle für Bestäuber. Auch Kinder lieben das Spiel mit dem Löwenzahn – sie zählen beispielsweise die Atemzüge, während sie die reifen Samen mit ihren haarigen Flugschirmen wegpusten und beobachten, wie sie davonschweben …

DREI MÖGLICHKEITEN, EINEN BLÜHENDEN RASEN ANZULEGEN

Vertikutieren Sie den Rasen bzw. lockern Sie die Erdoberfläche Ihres Rasens im Spätwinter und im zeitigen Frühjahr mit einem kräftigen Rechen, sodass der offene Boden sichtbar wird. Säen Sie danach eine Wildblumenmischung oder Samen einzelner Wildblumenarten auf dieser Fläche aus.

Sie können aber auch im Frühjahr bereits in Töpfen vorgezogene Wildblumen in Ihren Rasen pflanzen. Dabei kann es sich um gekaufte Pflanzen handeln – es gibt zahlreiche Angebote im Versandhandel (siehe Kapitel 8) – oder um solche, die Sie selbst aus Samen gezogen haben. Das Einpflanzen in Gruppen in einem begrenzten Bereich macht es dabei einfacher, die jungen Pflanzen zu gießen, wenn das Wetter zu trocken wird. Sie werden dann beobachten können, wie sich die Pflanzen Jahr für Jahr weiter im gesamten Rasen ausbreiten.

Wenn Sie auf einem verkahlten Rasenstück gleich den Rasen neu anlegen wollen, sollten Sie anstelle einer einfachen Grassamen-Mischung gleich eine spezielle Rasenmischung mit Wildblumen verwenden. Dazu eignen sich besonders Wildblumenarten, die niedrig blühen und einen regelmäßigen Schnitt tolerieren. Für die Aussaat einer solchen Wildblumenmischung muss der Oberboden nicht abgetragen werden.

WAS KÖNNEN SIE DAMIT BEWIRKEN?

Rasenflächen mit Wildblumen, auch regelmäßig gemähte, bieten vielen Arten von Wildtieren ein Zuhause. Von Insekten bis hin zu Fröschen, Molchen und Igeln finden sie hier einen Lebensraum. Dicht am Boden, wo das Gras sprießt, finden sich Ameisen, Asseln, Spinnen und Käfer ein. Wenn man tiefer in den Boden gräbt, stößt man auf Regenwürmer, Insektenlarven und Drahtwürmer sowie unzählige winzige Bodenlebewesen. Frisch gemähtes Gras wirkt wie ein Magnet auf alle insektenfressenden Vögel wie Stare, Amseln, Rotkehlchen und Singdrosseln, während längeres Gras Insekten Unterschlupf und Gelegenheiten zur Eiablage bietet, was ebenfalls Vögel und andere Wildtiere anlockt, die sich von ihnen ernähren. Wenn Sie die Blumen in Ihrem Rasen blühen lassen, wird der Klee Bienen anlocken, während die Samen von Gräsern, Wegerich und Löwenzahn hungrige Vögel und Mäuse anlocken.

Weniger willkommen sind die Löcher, die Füchse, Dachse und Maulwürfe auf der Suche nach Nahrung in den Rasen graben, aber ich bin der Meinung, die Freude, einen Fuchs durch den Garten huschen zu sehen, macht jeden Schaden wett.

HALTEN SIE AUSSCHAU NACH ...

SCHWARZEN GARTENAMEISEN/WEGAMEISEN

Diese klassischen Gartenameisen bauen ihre Nester im Boden, vor allem in Rasenflächen oder am Fuß von Mauern. Ihre geschäftigen Kolonien sind eine Freude zu beobachten. Die schwarzen bzw. dunkelbraunen Ameisen gehen unermüdlich ihrer Arbeit nach, bis im Hochsommer auf einmal die geflügelten Ameisen auftauchen und die Luft mit ihrem Schwarm erfüllen, während sie sich paaren.

VIOLETTEN LAUFKÄFERN

Diese Käfer sind mit ihren glänzenden, tiefviolett umrandeten Flügeldecken wahre Schönheiten. Sie gelten als nützliche Helfer des Gärtners, denn sie sind lebhafte Jäger – selbst die Larven fressen Schnecken, Würmer und andere Insekten.

SCHNAKEN

So zerbrechlich die erwachsenen Tiere auch sind, ihre Larven sind klobige, walzenförmige Körper ohne Beine, die in der Bodenschicht von Rasenflächen leben, die Wurzeln fressen und eine willkommene Mahlzeit für Vögel sind.

BLATTHORNKÄFERN

Es gibt verschiedene Arten von Blatthornkäfern, darunter Maikäfer, kleine Junikäfer oder metallisch glänzende Rosenkäfer. Alle sind große Brummer, die vom späten Frühjahr bis in den Sommer unbeholfen durch den Garten schwirren und die Blätter von Bäumen und Sträuchern fressen. Sie legen ihre Eier im Rasen ab, wo ihre fetten Larven eine wunderbare Mahlzeit für Vögel darstellen.

ERDBIENEN

Wenn Sie Glück haben, können Sie im Frühjahr ruhig schwebende Bienen entdecken, die sich aus Löchern in Ihrem Rasen erheben. Erdbienen sind die sanftesten aller Bienen, und es ist eine Freude, ihr kurzes Frühlingserwachen zu beobachten, bevor sie sich im Sommer wieder auf den Weg machen. Oft kehren sie Jahr für Jahr zu denselben trockenen Rasenflächen zurück, um dort zu überwintern.

WILDBLUMEN-KUNDE

HAHNENFUSS

Wildblumenwiesen wären nicht dasselbe ohne die sonnengelben Blüten des Wiesenhahnenfußes. In der volkstümlichen Tradition wird er auch Butterblume genannt und mit der Sonne, gelber Butter und der Milchwirtschaft insgesamt in Verbindung gebracht. Am 1. Mai rieben die Bauern in England traditionell die Euter ihrer Kühe mit Hahnenfußblüten ein, um die Menge und die Qualität der Milch zu erhöhen. Man glaubte auch, dass damit die Kühe vor dem Diebstahl durch Feen geschützt waren.

Eines der schönsten englischen Volksmärchen, das von Kühen, Butterblumen und Feen handelt, erzählt die Geschichte von einem Geizhals, der dafür bestraft wurde, dass er sein Geld nicht mit den Feen teilte, als er eines Tages ihre Wiese überquerte. Die wütenden Feen stachen ein Loch in seine Tasche, sodass seine Goldmünzen auf den Boden fielen, wo die Feen sie in goldgelbe Blumen verwandelten, damit er ihren Diebstahl nicht bemerkte.

Eine andere Geschichte erzählt von einem Bauern, der glaubte, dass seine Kuh die süßeste Milch von allen Kühen aus der Nachbarschaft gab, wenn sie Butterblumen und nicht nur Gras zu fressen bekam. Dies ist allerdings reiner Volksglaube, denn Hahnenfuß ist giftig und schadet sowohl Kühen als auch Menschen. Weil Kühe es instinktiv vermeiden, Hahnenfuß zu fressen, sind unsere Wiesen immer noch voll von seinen leuchtend gelben Blüten.

NATÜRLICHE FREUNDSCHAFTEN

MONARCHFALTER UND SEIDENPFLANZEN

Monarchfalter und ihre lange Wanderung quer durch den amerikanischen Kontinent von Kanada nach Mexiko gehören zu den großen Wundern der Natur. Aber ihre Reise wäre nicht möglich ohne Seidenpflanzen, eine unscheinbare Wildblume, die für den Monarchfalter von entscheidender Bedeutung ist.

Monarchfalter ernähren sich vom Nektar der Seidenpflanzen und einer Reihe anderer Wildblumen, wobei sie deren Pollen weiterverbreiten und so auch für deren Vermehrung sorgen. Als Nahrung für die Raupen sind Seidenpflanzen jedoch für Monarchfalter lebenswichtig. Die Weibchen der Monarchfalter legen ihre Eier einzeln auf den Blättern von Seidenpflanzen ab, und sobald die Raupen geschlüpft sind, gibt es nichts anderes als Seidenpflanzen als Nahrung, wobei sich jede Raupe durch etwa 20 Blätter frisst, bevor sie das Puppenstadium erreicht.

Glücklicherweise gibt es über 100 verschiedene Arten von Seidenpflanzen, die unter ganz unterschiedlichen Bedingungen gedeihen. Die schlechte Nachricht ist allerdings, dass Seidenpflanzen wie viele andere Wildpflanzen auch vom Verlust ihres Lebensraums und durch landwirtschaftliche Chemikalien bedroht sind, was das Anpflanzen von Wildblumen im Garten umso wichtiger macht.

MEHR LEBEN IM RASEN

KAPITEL 4

WIE MAN EINE BLUMENWIESE ANLEGT

Den Rasen ein wenig höher wachsen zu lassen, ist ein guter Anfang, aber man kann noch einen Schritt weiter gehen. Das Anlegen einer Blumenwiese kann sehr einfach oder auch ein Prozess über mehrere Jahre sein, je nachdem, wie Sie es angehen. Für welche Möglichkeit Sie sich beim Anlegen einer Blumenwiese auch entscheiden, es ist ein unglaublich zufriedenstellender Prozess – ein Prozess, bei dem Sie beobachten können, wie sich die von Ihnen angepflanzte Flora etabliert.

Eine Wiese muss dabei nicht groß sein – Blumenwiesen sind eindrucksvoll, wenn man einen großen Garten hat, aber auch eine winzige, handtuchgroße Wiese bewirkt schon Wunder für die Tierwelt. Blühende Wiesen in Städten sind besonders wichtig, da Wildblumen in Städten immer noch die Ausnahme sind, es sei denn, es handelt sich um Einzelexemplare in den Spalten von Bürgersteigen. Allerdings werden selbst die städtischen Parks immer »wilder«, da die Stadtverwaltungen heutzutage einen ganzheitlicheren Ansatz bei der Gestaltung ihrer Grünflächen verfolgen. Aber Parks sind mitunter rar gesät, und Stadtgärten haben den Vorteil, dass sie meist miteinander verbunden sind und grüne Schneisen bzw. Korridore bilden. Selbst ein kleines Wildblumenbeet wird so zu einer Oase für kleine Wildtiere wie Insekten und andere wirbellose Tiere, aber auch für Frösche, Kröten, Igel und größere Säugetiere wie Füchse, die sich von diesen ernähren.

Es ist egal, wie groß oder klein Ihre Wildblumenwiese ist – wichtig ist, dass es sie gibt. Egal, ob es sich um ein Beet mit Wiesenblumen, den Fleck Erde mit einigen Wildblumen neben dem Schuppen oder zwischen den Sträuchern handelt oder um einen Bereich im Rasen, der bis zum Spätsommer länger und wilder wachsen darf – sie werden die Veränderungen bemerken.

WAS IST EINE WIESE?

Traditionell versteht man unter einer Wiese ein natürliches Ökosystem aus Gräsern und Wildblumen, das sich über Jahrzehnte oder länger ungestört entwickelt hat und mit regelmäßiger, saisonaler Mahd für Heu oder durch Beweidung mit Tieren bewirtschaftet wird. Heutzutage fassen wir den Begriff eher breiter und verstehen darunter eine Fläche, bewachsen mit Wildblumen, mit oder ohne Gräser. Auf traditionellen Wiesen findet man oft mehrjährige Blumenarten, die Jahr für Jahr blühen, während moderne Wiesen meist aus einer Mischung aus mehrjährigen und einjährigen Wildblumen bestehen, die jedes Jahr neu gesät werden müssen bzw. sich immer wieder aussäen. Einjährige Wildblumen haben den Vorteil, dass Sie Ihren Garten jedes Jahr neu gestalten können – außerdem sind sie viel einfacher zu pflegen als eine traditionelle Wiese. Wenn Sie sich nicht sicher sind, ob eine Wildblumenwiese für Sie das Richtige ist, säen Sie einfach eine einjährige Mischung in ein Beet oder eine freie Stelle und freuen Sie sich darüber, was passiert.

DIE SCHNELLE ART, EINE WIESE ANZULEGEN

Man könnte meinen, dass der schnellste Weg zu einer Blumenwiese darin besteht, den Rasen einfach wachsen zu lassen. Mit dieser Methode werden sich allerdings erst nach einigen Jahren neue Wildblumen ansiedeln. Bis dahin werden Sie vielleicht die Geduld verlieren, sich über den unordentlichen Garten ärgern und beschließen, den Rasen wieder zu mähen. Anstatt Ihren Enthusiasmus zu verlieren, sollten Sie Ihren Rasen zunächst lieber weiter mähen, aber Wildblumenbereiche am Rand anlegen, sodass sich Ihr Rasen langsam in eine Wildblumenwiese verwandelt. Wenn Sie dabei mit einer einjährigen Wildblumenmischung beginnen, werden Sie schon im ersten Jahr von den Wildblumen profitieren können.

Beginnen Sie mit einer Fläche die frei von Pflanzen, aufgelockert und so vorbereitet wird, als ob man darauf einen Rasen säen würde. Es ist am einfachsten, wenn diese Fläche nicht zu groß ist, da sie leichter von Hand vorbereitet werden kann. Wenn Sie eine größere Fläche neu ansäen wollen, ist dies aufwendiger und erfordert möglicherweise Maschinen und mehr Arbeitskraft.

Die Aussaat einer traditionellen Wildblumenwiese verlangt dagegen eine gründlichere Bodenvorbereitung. Alle hartnäckigen »Unkräuter« wie Brombeeren oder Ampfer müssen entfernt werden, und am besten sollten Sie einen Teil des Oberbodens abtragen, damit der Boden magerer, d. h. nährstoffärmer, wird. Denn diese Pflanzen sind oft Anzeichen für einen zu nährstoffreichen Boden, in dem zwar Gräser, nicht aber Wildblumen gedeihen.

DER LANGE WEG

Der zeitaufwendigere Weg, um eine Wildblumenwiese anzulegen, ist ein schrittweiser Prozess, der es Ihnen ermöglicht, Ihre Wiese genauer kennenzulernen. Es ist ein bisschen wie bei Slow Food und einer bewussteren, verantwortlicheren Lebensführung – der Weg zum Ziel ist dabei genauso wichtig wie das Ziel selbst.

Meiner Meinung nach ist dieser langsamere Weg bei Weitem die beste Art und Weise, eine Wiese anzulegen – vorausgesetzt, man hat die Zeit und das Durchhaltevermögen hierzu. Er ist darüber hinaus auch die traditionellste Methode, bei der sich ein funktionierendes Ökosystem von aufeinander abgestimmten Arten langsam entwickelt. Sie ist in gewisser Weise auch eine Rückbesinnung auf traditionelle Heuwiesen.

Es gibt wenige Dinge, die eindrucksvoller sind als eine traditionelle Heuwiese im Juni. Neben all den Gräsern, die hoch wachsen und blühen, ist sie voller verschiedener Wildblumen, von Storchschnabel bis hin zu Gänseblümchen, Hahnenfuß, Labkraut usw., die Liste ließe sich endlos fortsetzen. Eine alte Heuwiese kann bis zu 100 verschiedene Pflanzenarten beherbergen, und wer weiß, wie viele verschiedene Insekten- und Tierarten.

Heuwiesen werden seit Hunderten von Jahren in immer der gleichen Weise bewirtschaftet. Dazu gehört, dass man die Gräser wachsen lässt, bevor man sie für die Heuernte mäht und die Wiese dann für den Rest der Saison beweidet. Auf diese Weise wird verhindert, dass eine Pflanzenart die Oberhand gewinnt, und eine herrliche Pflanzenvielfalt bleibt erhalten. Mit dem Aufkommen von Silage und chemischen Pflanzenschutzmitteln sind Europas Heuwiesen nicht mehr das, was sie einmal waren. Daher ist alles, was wir im Garten tun können, um diese wertvollen ökologischen Lebensräume zu erhalten, eine gute Sache.

Um eine solche Heuwiese anzulegen, sollten Gras- und Wildblumenarten ausgesät werden, die sich für eine einmalige Mahd und anschließende Beweidung eignen, so als würde man Heu machen. Eine schonende Methode, um aus Ihrem Rasen eine Wiese zu machen, ist das Vertikutieren eines Teils des Rasens mit einer Harke, wobei die Grasnarbe weggekratzt wird, bis der blanke Boden zu sehen ist. Dann werden Wildblumensamen auf diese freiliegenden Stellen gestreut. Das ist zwar etwas weniger effektiv, da die keimenden Wildblumen mit dem Gras konkurrieren müssen, aber es ist auch die Gelegenheit, kräftige Pflanzen wie den Kleinen Klappertopf (*Rhinanthus minor*) auszusäen, der für eine Wiese unerlässlich ist. Diese halbparasitäre Pflanze holt sich ihre Nährstoffe teilweise über die Wurzeln von Gräsern, bremst deren Wachstum und ermöglicht es anderen Wildblumen, sich zu etablieren.

GENIESSEN SIE IHRE WIESE

Wiesen sehen das ganze Frühjahr und den Sommer hindurch wirklich schön aus, aber den Höhepunkt ihrer Pracht erreichen sie Ende Juni und Juli, wenn auch wir im Garten sind, um die Sonne zu genießen. Achten Sie darauf, dass Sie Wege und kleinere Flächen in Ihrer Wiese mähen, damit Sie sich inmitten der Blumen und Insekten bewegen können. Auf einer Decke liegend dem Summen der Bienen, dem sanften Rauschen der Grashalme im Wind und dem Knacken der Samenschoten zu lauschen, ist selbst in kleinen Gärten möglich und ein wunderbarer Genuss. Wiesen sind immer in Bewegung durch Wind, Bienen, Schmetterlinge und Nachtfalter, die die Blumen und Gräser zum Schwingen bringen. Vögel fliegen herab, um Insekten zu erbeuten, während Schwebfliegen über den Blumen verweilen und der frische Duft von Pollen, Gras und Wiesenkräutern die Sommerluft erfüllt.

WICHTIGE EUROPÄISCHE WIESENPFLANZEN UND WILDBLUMEN

KLEINER KLAPPERTOPF
Rhinanthus minor

Diese hübsche kleine Blume sieht unschuldig aus, ist aber eine Schmarotzerpflanze, die sich an den Wurzeln wuchernder Gräser festsetzt, deren Wachstum schwächt und so anderen, weniger konkurrenzfähigen Wildblumen hilft.

ACKER-WITWENBLUME
Knautia arvensis

Diese attraktiven Blüten sehen wir Nadelkissen aus und erscheinen alle Jahre wieder im Hochsommer. Sie schmücken Ihre Wiese oder Ihr Beet mit zarten Fliedertönen und locken Bienen und Schmetterlinge in Scharen an.

SKABIOSEN-FLOCKENBLUME
Centaurea scabiosa

Bienen und Schmetterlinge lieben diese hübschen, »zotteligen« Blüten in sattem Violettrosa auf kräftigen Stielen.

ECHTES LABKRAUT
Galium verum

Diese kleinen Blumen verleihen der Wiese im Juli und August Leichtigkeit und einen unverwechselbaren Duft. Ihr Name rührt daher, dass die Pflanze Labferment, das bei der Käseherstellung genutzt wird, enthält.

WEGERICH
Plantago

Es gibt mehrere Wegericharten, die alle gut auf Wiesen gedeihen, wo sie ihre charakteristischen speerförmigen Blüten ausbilden, die Schwebfliegen, Falter und kleinere Schmetterlingsarten anziehen. Die Samen sind auch bei Vögeln beliebt.

WIESENGRÄSER

WIESEN-KAMMGRAS
Cynosurus cristatus

Ein hübsches Gras mit abgeflachten Blütenähren an kräftigen Stängeln. Diese Stängel wurden traditionell zur Herstellung von Strohhüten verwendet.

WOLLIGES HONIGGRAS
Holcus lanatus

Das Gras ist wichtiger Bestandteil von Heuwiesen und eine wahre Schönheit. Wenn es blüht, bildet es einen Nebel aus rosa gefärbten, zarten Blüten über grauen, leicht behaarten Blättern.

ROTES STRAUSSGRAS
Agrostis capillaris

Diese trockenheitstolerante Grasart ist unglaublich zierlich, feinblättrig und hat offene, luftige Blüten. Aufgrund seiner Widerstandsfähigkeit ist das Gras häufig auf Bergwiesen in den Alpen zu finden.

ZITTERGRAS
Briza media

Dies ist eines der schönsten Gräser und hat sogar in Beeten einen ganz besonderen Platz verdient. Es lässt sich leicht aus Samen ziehen und sät sich auf nährstoffarmen, trockenen Böden selbst aus, verschwindet aber auch, sobald der Boden zu viele Nährstoffe aufweist oder gedüngt wird.

GEWÖHNLICHES KNÄUELGRAS
Dactylis glomerata

Robust, buschig und wüchsig ist es ein Gras für größere Wiesen.

WAS SIE AUF IHRER WIESE ENTDECKEN KÖNNEN

Großes Ochsenauge

Einer der häufigsten Wiesenschmetterlinge ist das Große Ochsenauge. Es sieht zwar unscheinbar aus, es ist aber eine Freude, es über die Wiese flattern zu sehen. Auch viele andere Schmetterlinge wie Tagpfauenauge, Kleiner und Großer Fuchs, der Bläuling und der Admiral sind häufig auf Wiesenblumen und Gräsern anzutreffen.

Tagaktive Nachtfalter

Es gibt mehrere Arten von tagaktiven Nachtfaltern, die man eher zu Gesicht bekommt als ihre nächtlichen Verwandten. Das spektakuläre Widderchen liebt Wiesenpflanzen, wie z. B. Flockenblumen, und lebt oft sein ganzes Leben auf einer einzigen Wiese. Ein weiterer auffälliger tagaktiver Nachtfalter ist die Braune Tageule, ein Falter mit einer spektakulären Flügelzeichnung. Im Gegensatz zu den erwachsenen Tieren sind die Raupen nachtaktiv.

Grashüpfer

Das Zirpen von Heuschrecken gehört zur besonderen Stimmung einer Wiese im August. Wahrscheinlich werden Sie den Wiesengrashüpfer und den Gemeinen Grashüpfer sehen.

Hellgelbe Erdhummel

Auf der Suche nach Nektar und Pollen schwirren zahlreiche verschiedene Bienenarten über einer Wiese, dabei sind Hummeln aufgrund ihres gemütlich-pelzigen Aussehens am einfachsten zu erkennen und zu identifizieren. Sie nisten oft in verlassenen Mäusehöhlen am Rande einer Wiese.

Stieglitze

Bei einem reichhaltigen Angebot an Insekten und Samen ist es nicht verwunderlich, dass Vögel von Blumenwiesen geradezu angezogen werden. Stieglitze sind wahrscheinlich die auffälligsten. Sie haben ein farbenfrohes Gefieder und eine Vorliebe für Distel-, Karden-, Löwenzahn- und Flockenblumensamen.

WILDBLUMEN-KUNDE

VEILCHEN

Veilchen sind zwar klein, sie sind aber auf jeden Fall einen genaueren Blick wert. Sie haben die Angewohnheit, an den unterschiedlichsten Orten aufzutauchen, von Waldrändern und Lichtungen bis hin zu Gartenrabatten. So sind Veilchen für Perlmuttfalter von großer Bedeutung. Sie sind Nahrungspflanzen für die Raupen von verschiedenen Arten, wobei die erwachsenen Schmetterlinge ihre Eier absichtlich an Baumstämmen in der Nähe von Hundsveilchen ablegen.

Das zierliche kleine Veilchen ist eine der frühesten Wildblumen, die blühen, und obwohl sie winzig sind, sticht das satte Blauviolett der Blüten ins Auge. Veilchen werden seit dem Mittelalter kultiviert und die Blüten werden zum Beduften von Räumen verwendet. Im Volksmund gibt es viele Geschichten über Veilchen, die böse Geister abwehren sollen, die als Schutz in Babywiegen gestreut werden oder einfach als Glücksbringer dienen. Häufig werden Veilchenblüten auch in Brautgemächern verstreut, um dem neuen Paar Glück zu bringen.

Es heißt, wenn man von Veilchen träumt, kommt man zu einem Vermögen bzw. man heiratet jemanden, der jünger ist als man selbst. Eine andere Legende besagt, dass man die Blumen nur einmal riechen kann – was teilweise der Wahrheit entspricht, denn der Duft von Veilchen enthält Ionin, eine Verbindung, die den Geruchssinn beeinträchtigt und ihn für kurze Zeit dämpft.

Veilchen waren die Lieblingsblumen von Napoleon Bonaparte, der sie Josephine schenkte und seinen Anhängern ankündigte, dass er aus dem Exil auf Elba zurückkehren würde, wenn die Veilchen im Frühjahr blühen werden. So wurden Veilchen zum Erkennungszeichen seiner Unterstützer, sie fragten einander: »Magst du Veilchen?«, und wenn die Antwort »Ja« lautete, bedeutete dies, dass man ein treuer Anhänger Napoleons war. Historikern zufolge wurde das Tragen von Veilchen nach der Niederlage bei der Schlacht von Waterloo als aufrührerisches Verhalten angesehen. Also eine kleine Blume mit einer großen Geschichte.

NATÜRLICHE FREUNDSCHAFTEN

AMEISEN UND WAS SIE PFLANZEN GUTES TUN

Ameisen sind immer mit irgendetwas beschäftigt, und vieles von dem, was sie tun, kommt nicht nur ihrer Kolonie zugute, sondern ist auch für Pflanzen von großem Nutzen. Viele ihrer Aktivitäten tragen im Garten und in freier Natur zur Vermehrung und Verbreitung von Pflanzen bei.

Sogenannte Ameisenpflanzen oder Myrmekophyten stehen beispielsweise in einer symbiotischen Beziehung zu Ameisen. Dies bedeutet, dass zwei Organismen verschiedener Arten von der Aktivität des anderen profitieren. Diese Wechselwirkungen können sehr vielfältig sein. Etwa 11 000 Arten von Blühpflanzen produzieren spezielle Samenanhänge, die den Ameisen als Gegenleistung für die Verbreitung ihrer Samen als Nahrung dienen. Manche haben winzige Nektardrüsen auf ihren Blättern oder Stängeln, während andere Pflanzenarten Ameisen in ihren Stängeln Wohnraum bieten. Die dort ansässigen Ameisen schützen die Pflanzen wiederum vor pflanzenfressenden Tieren.

Mein Lieblingsbeispiel sind Alpenveilchen. Nach der Blüte bilden sich an den Enden der Stängel Schoten, die sich zusammenrollen und zu Boden fallen, während die Samen in der Schote reifen. Die Ameisen werden dann von der eiweißreichen Substanz angelockt, die am Samen haftet, und tragen ihn zu ihrem Nest. So landet der Samen ein gutes Stück von der Mutterpflanze entfernt. An diesem neuen Standort können dann wieder neue Alpenveilchen wachsen und der Kreislauf beginnt von Neuem.

KAPITEL 5

ZEHN DINGE, DIE SIE ÜBER WILDBLUMEN WISSEN SOLLTEN

1 **Die Störung der Natur durch den Menschen ist nichts Neues.** Schon in prähistorischer Zeit haben wir Menschen in die Natur eingegriffen. Als wir beispielsweise lernten, Feuer zu machen, benutzten wir die natürliche Vegetation als Brennmaterial, sodass durchsetzungsstärkere Pflanzenarten, zum Teil auch aus anderen Regionen, leichter Fuß fassen konnten.

Die gezielte Verbreitung von Wildblumen beginnt spätestens, wie so vieles, mit den Griechen und Römern. Um das vierte Jahrhundert v. Chr. leitete der »Vater der Botanik«, Theophrastus, ein Schüler von Aristoteles, die botanischen und medizinischen Gärten von Athen, wo er 500 verschiedene Pflanzen studierte. Später setzten römische Gelehrte seine Arbeit mit Zier- und Wildpflanzen fort. Im Römischen Reich wurden viele Kulturpflanzen wie Weinreben, Feigen und Knoblauch sowie Kräuter wie Minze, Rosmarin und Basilikum gezielt über das gesamte Reich verbreitet.

2. Mohn ist eine der ältesten Kulturpflanzen.

Mohnsamen wurden bereits in ägyptischen Gräbern gefunden. Ägyptische Ärzte linderten mit ihnen Schmerzen, während die alten Griechen Mohn mit Fruchtbarkeit und Überfluss verbanden. Es gibt auch Belege dafür, dass Mohn schon 5000 v. Chr. in Mesopotamien als Zierpflanze angebaut wurde.

Mohnblumen waren und sind auch heute noch sehr symbolträchtig und stehen für vieles, angefangen von der Auferstehung und dem ewigen Leben über den erholsamen Schlaf bis hin zum Gedenken an die Gefallenen im Krieg. Es gibt eine Stelle in *Der Zauberer von Oz*, in der Dorothy und Toto in einem Mohnfeld einschlafen, eine Anspielung auf die weitverbreitete Bedeutung des Milchsafts der Mohnpflanze, speziell von Schlafmohn (*Papaver somniferum*), als Rauschmittel.

3. Mehr als ein Drittel der weltweit als Nahrungsmittel angebauten Pflanzen sind auf die Bestäubung durch Insekten angewiesen.

Ohne sie müssten wir Obst und Gemüse von Hand bzw. künstlich bestäuben, was praktisch unmöglich ist. Vor allem Wildblumen sind für bestäubende Insekten von enormer Bedeutung. Wildblumen versorgen Bienen, Schmetterlinge, Schwebfliegen und andere Insekten das ganze Jahr über mit Nahrung. An einem einzigen Sommertag blühen auf einem Hektar Wildblumenwiese etwa drei Millionen Blüten. Diese Blüten produzieren ein Kilo Nektar – genug, um täglich fast 96 000 Honigbienen zu ernähren.

 **Sonnenblumen werden eingesetzt, um radioaktive Strahlung zu reduzieren.** Nach den Katastrophen von Tschernobyl und Fukushima wurden Sonnenblumen gezielt in kontaminierten Gebieten angepflanzt, wo ihre Wurzeln radioaktive Giftstoffe wie Blei, Arsen und Uran aus dem kontaminierten Boden herausfilterten.

Sonnenblumen kommen ursprünglich aus Amerika, wo die Inkas glaubten, sie seien die physische Manifestation ihres Sonnengottes. In den Hochkulturen der amerikanischen Ureinwohner spielten Sonnenblumen eine wichtige Rolle, da sie als Nahrungsmittel, als Quelle für pflanzliches Öl, in medizinischen Präparaten und zur Herstellung von Farbstoffen und Körperbemalungen verwendet wurden. Die größte jemals angebaute Sonnenblume erreichte die kolossale Höhe von 9,17 Meter.

 **Wildblumen, so weit das Auge reicht, in der Wüste Kaliforniens.** Etwa alle zehn Jahre kommt es in der Mojave-Wüste und der Carrizo-Ebene zu einer regelrechten Blütenexplosion. Dieses spektakuläre Phänomen – bei dem die Hügel und Wüstentäler mit einem leuchtenden Blütenteppich von Wildblumen bedeckt sind, die alle auf einmal blühen – tritt nur dann auf, wenn die Bedingungen hierfür perfekt passen. Zunächst muss das Jahr so trocken gewesen sein, dass kein Gras wächst. Dann muss es im Herbst genug geregnet haben, damit der Regen tief in den Boden eindringt, wo die Samen der Wildblumen schlummern. Danach braucht es ausreichend Feuchtigkeit und eine Wolkendecke, damit die Samen keimen und vor der sengenden Sonne sowie der strengen Kälte in der Nacht geschützt sind.

 **Vincent van Goghs »Gelbe Periode« – man denke nur an seine berühmten Sonnenblumenbilder – könnte durch eine medizinische Therapie beeinflusst worden sein.** Damals wie heute wird zur Behandlung von Krampfanfällen der Gewöhnliche Fingerhut (*Digitalis purpurea*) eingesetzt. Zu van Goghs Zeiten führte ein übermäßiger Gebrauch von *Digitalis* oft zu Übelkeit, Erbrechen und Durchfall sowie zu Xanthopsie. Diese Störung der Farbwahrnehmung, das »Gelbsehen«, mit verschwommenen Umrissen und Lichthöfen, glauben Forscher in seinen Werken zu erkennen. Ein Steroid namens Digoxigenin, oder kurz DIG, wird zum Nachweis von RNA und DNA eingesetzt und kommt ausschließlich in den Blüten und Blättern von *Digitalis purpurea* und zwei anderen Fingerhutarten vor.

 **Frühere Kulturen wussten viel mehr über Pflanzen und ihre Eigenschaften als wir heute.** Aber wir holen auf: Blütenpflanzen liefern fast 25 Prozent der Grundstoffe für moderne Arzneimittel, wobei diese Zahl bei Antibiotika, Herz-Kreislauf-, Immuntherapie- und Krebsmedikamenten sogar bei 80 Prozent liegt und weiter ansteigt. Und es gibt Tausende von Pflanzen, die noch untersucht werden müssen.

Einige sind bekannt, man denke an *Echinacea*, Minze und Knoblauch, während andere nicht so offensichtlich sind. Aspirin wurde z. B. ursprünglich aus Weidenrinde gewonnen. Der Hauptbestandteil von Aspirin ist Salicylsäure, die auch das Risiko, einen Herzinfarkt oder eine Thrombose zu bekommen, verringert. Auch positive Eigenschaften bei der Behandlung von Krebserkrankungen werden vermutet. Es gibt also noch viel zu entdecken, aber jedes Mal, wenn Sie eine Aspirin-Tablette gegen Kopfschmerzen einnehmen, sollten Sie an die alten Ägypter denken, die zu demselben Zweck Weidenrindenzweige kauten.

 **Was sind wirklich heimische Wildblumen?** Viele Wildblumen wurden erst vor relativ kurzer Zeit eingeführt und von Menschen entweder zufällig oder absichtlich als Kultur- oder Gartenpflanze nach Europa gebracht. In Großbritannien etwa wird das beliebte und allseits bekannte Schneeglöckchen (*Galanthus nivalis*), das vielen Weihnachtskarten und -kalendern als Motiv dient, oftmals als einheimische Pflanze angesehen, doch es wurde erstmals 1597 kultiviert und erst 1778 in der freien Natur als eingebürgerte Pflanze registriert – und das auch nur in einigen wenigen Gebieten. Seitdem hat es sich in fast jedem Winkel Englands ausgebreitet, entweder durch Selbstaussaat oder dadurch, dass die Menschen es in ihren Gärten anpflanzten, weil es so beliebt ist und sich von dort selbst aussät.

 **Die meisten Wildblumenarten in einer bestimmten Region wachsen vermutlich im Fitzgerald-River-Nationalpark in Westaustralien.** Dieser gigantische Park erstreckt sich über mehr als 3000 Quadratkilometer und beherbergt 12 000 Wildblumenarten, von denen 60 Prozent dort heimisch sind.

Wenn Sie sich allerdings speziell für Orchideen interessieren, sollten Sie sich in die französische Dordogne begeben. Von März bis Juli kann man in dieser Region fast 50 Arten von wilden Orchideen bewundern.

 **Was für den einen eine Wildblume ist, ist für den anderen ein Unkraut.** Einige Wildblumen sind zu einem ernsthaften Problem geworden, meist in Ländern, in denen sie nicht heimisch sind. Nehmen wir etwa die in jedem Westernfilm durchs Bild wehenden trockenen kleinen Büsche, Tumbleweed oder Steppenläufer. Bei der Pflanze

handelt es sich um das Ruthenische Salzkraut (*Salsola tragus*) aus Russland und Osteuropa, das erstmals in den 1870er-Jahren in South Dakota auftauchte, wahrscheinlich mit einer Getreidelieferung aus dem Russischen Reich, und das sich seitdem in allen Bundesstaaten außer Florida und Alaska ausgebreitet hat.

Andere Pflanzenarten wurden absichtlich eingeführt, wie z. B. das Spanische Hasenglöckchen (*Hyacinthoides hispanica*), das von eifrigen viktorianischen Gärtnern nach Großbritannien gebracht wurde, seitdem aber zu einer Problempflanze geworden ist. Auf den ersten Blick hat es große Ähnlichkeit mit dem heimischen Atlantischen Hasenglöckchen (*Hyacinthoides non-scripta*), aber während das heimische Hasenglöckchen zart und zierlich ist und satt violett blüht, ist das Spanische Hasenglöckchen ein richtiger Eroberer mit großen Blättern, großen, blassen Blüten und der Fähigkeit, sich in erstaunlichem Maße selbst auszusäen. Schlimmer noch: Es kreuzt sich mit dem heimischen Hasenglöckchen und hat dadurch das Potenzial, die heimische Art in der freien Natur zu verdrängen.

Auch aus diesem Grund ist es so wichtig, aus dem Urlaub keine Blumen, Samen oder Zwiebeln aus der freien Natur mitzubringen.

WILDBLUMEN-KUNDE

ROTER FINGERHUT

Der Ursprung des Namens »Fingerhut« ist umstritten, aber er geht auf das Mittelalter zurück. Man nimmt an, dass der Name darauf zurückzuführen ist, dass die Blüten wie die Finger eines Handschuhs aussehen. Es gibt eine ganze Reihe von Namen für diese auffällige Pflanze, die von »Fingerkraut«, »Waldschellen« bis zu »Waltglöcklein« reichen. Englischen und irischen Sagen nach dienten die Blüten des Fingerhuts Elfen als Kopfbedeckung. Eine hübsche englische Legende besagt, dass Füchse die Blumen an ihren Pfoten tragen, damit man sie bei der Jagd nicht hört. Hinter der Geschichte steckt wahrscheinlich die Beobachtung, dass die Pflanzen oft in der Nähe von Fuchsbauen in Wäldern wachsen. In vielen Regionen Englands wird erzählt, dass das Pflücken von Fingerhut die Feen beleidigen würde – höchstwahrscheinlich eine Legende, die Kinder davon abhalten soll, die giftigen Blüten zu pflücken.
Im Volksglauben spielt der Fingerhut traditionell eine zwiespältige Rolle. So tritt er einerseits als positives und

heilendes Sinnbild in Erscheinung, er kann aber auch negative und verletzende Bedeutungen haben, die auch den Doppelcharakter der Pflanze widerspiegeln, sowohl als Mittel zur Heilung von Herzproblemen als auch als potenziell tödliches Gift. Der volkstümliche Name »Totenglöckchen« oder »Teufelsglocke« ist eine eindeutige Warnung vor der Pflanze und ihrer potenziell tödlichen Wirkung.

Die Bezeichnung »Hexenhandschuh« klingt zwar fantasievoll, beruht aber auf historischen Wurzeln: Sie ist ein Begriff aus der Zeit, als die »weisen Frauen« in den Dörfern oft die einzig verfügbaren Heilkundigen waren. Der Fingerhut wurde zur Behandlung von Abszessen, Furunkeln und offenen Wunden, aber auch bei Epilepsie und Kopfschmerzen eingesetzt. Man kann sich leicht vorstellen, wie schwierig es damals war, die richtige Dosierung zu finden, was vielleicht der Grund dafür ist, dass diese armen Frauen als Hexen bezeichnet wurden.

NATÜRLICHE FREUNDSCHAFTEN

FÜCHSE UND ANDERE TIERE

Man könnte meinen, dass die Beziehung zwischen Pflanzen und Füchsen sowie anderen größeren Säugetieren sehr einseitig ist, da viele Säugetiere Pflanzen fressen. Aber Pflanzen sind außerordentlich erfinderisch, wenn es darum geht, sich erfolgreich zu vermehren und ihre Nachkommen in einem größeren Umkreis zu verbreiten. Wenn der Samen von einem größeren Säugetier gefressen wird, muss er allerdings zäh genug sein, um den gesamten Verdauungsprozess zu überstehen. Das bedeutet aber auch, dass er schließlich an einem neuen Ort zusammen mit praktischem Dünger für einen guten Start abgelegt wird. Die Samen vieler Pflanzen sind sogar darauf angewiesen, ein Verdauungssystem zu durchlaufen. Erst danach sind sie zur Keimung bereit. So tragen Dachse beispielsweise zur Verbreitung der Eibe (*Taxus baccata*) bei und ermöglichen es den Bäumen, sich in neuen Waldgebieten anzusiedeln. Die Dachse schlucken die Beeren in einem Zug, verdauen das rote Fruchtfleisch, die harten Samen bleiben unversehrt und werden wieder ausgeschieden.

Andere Pflanzen »trampen« einfach und nutzen Tiere und uns Menschen als Transportmittel, um ihre Samen zu verbreiten. Diese Pflanzen, wie z. B. Kletten (*Arctium* sp.) oder das Klebkraut (*Galium aparine*), haben »klebrige« oder stachelige Samen entwickelt, die darauf ausgelegt sind, sich an das Fell eines vorbeilaufenden Fuchses oder an das Hosenbein eines Spaziergängers bzw. den Schnürsenkel eines Stiefels zu heften. Die Samen fallen dann weit entfernt ab, wenn sich das Tier an einem Baum kratzt oder reibt – oder man seine Stiefel und Hosen säubert.

KAPITEL 6

WILDBLUMEN FÜR JEDEN GARTEN

Wo auch immer sich Ihr Garten befindet – in der Stadt oder in einem Vorort, in einem Innenhof oder auf dem Dach eines Mehrfamilienhauses – für jeden Standort gibt es Wildblumen, die gut gedeihen. Machen Sie sich keine Sorgen, wenn Sie nur eine dünne Humusschicht haben oder Ihr Garten überwiegend im Schatten liegt – viele Wildblumen lieben Standorte, mit denen Zierpflanzen nur schlecht zurechtkommen. Das Tolle an Wildblumen ist, dass sie sich an die vorherrschenden Bedingungen anpassen können und auch dort gedeihen, wo viele Kulturpflanzen nur verkümmern.

Wählen Sie Ihre Pflanzen trotzdem sorgfältig aus und berücksichtigen Sie dabei die Besonderheiten Ihres Gartens, dann sollten Sie die richtigen Pflanzen für Ihren Garten finden. Bedenken Sie aber, dass es sich um Wildblumen handelt, die von Natur aus nicht so schön und auffällig sind wie viele Kulturpflanzen, die speziell auf Blütenpracht gezüchtet wurden. Die Wirkung von Wildblumen im Garten ist dagegen subtiler: Es geht weniger um die Show als um die Harmonie zwischen Pflanzen und ihrer Umgebung.

SONNENANBETER

Die meisten Wildblumen lieben die Sonne – denken Sie nur an sonnige Almwiesen –, einige vertragen sogar extreme Trockenheit. Im Zweifelsfall sollten Sie sicherheitshalber auf der Packung oder dem Pflanzenetikett nachsehen. Machen Sie sich keine Sorgen, wenn Ihr Boden nährstoffarm ist, denn die meisten der hier aufgeführten Blumen fühlen sich darin am wohlsten. Außerdem können viele der Blumen aus den nachfolgenden Listen auch in anderen Böden gut gedeihen, sodass diese Listen keineswegs als absolut verbindlich zu betrachten sind.

FÜR SCHWERE LEHMBÖDEN

Acker-Witwenblume	*Knautia arvensis*
Echte Schlüsselblume	*Primula veris*
Echtes Labkraut	*Galium verum*
Echtes Mädesüß	*Filipendula ulmaria*
Flockenblumen	*Centaurea*-Arten
Klatschmohn	*Papaver rhoeas*
Kleine Braunelle	*Prunella vulgaris*
Kleiner Wiesenknopf	*Sanguisorba minor*
Spitzwegerich	*Plantago lanceolata*
Wiesen-Margerite	*Leucanthemum vulgare*

FÜR TROCKENE BÖDEN

Acker-Vergissmeinnicht	*Myosotis arvensis*
Echtes Johanniskraut	*Hypericum perforatum*
Gemeine Schafgarbe	*Achillea millefolium*
Gewöhnlicher Hornklee	*Lotus corniculatus*
Gewöhnlicher Natternkopf	*Echium vulgare*
Kleine Braunelle	*Prunella vulgaris*
Wiesen-Margerite	*Leucanthemum vulgare*
Wilde Möhre	*Daucus carota*
Wilder Majoran/Oregano	*Origanum vulgare*

ANSPRUCHSLOSE EINJÄHRIGE WILDBLUMEN

Acker-Hundskamille	*Anthemis arvensis*
Klatschmohn	*Papaver rhoeas*
Kornblume	*Centaurea cyanus*
Kornrade	*Agrostemma githago*
Saat-Wucherblume	*Chrysanthemum segetum*

WILDBLUMEN FÜR SCHATTEN

Wildblumen können ein schattiges Plätzchen wunderbar aufhellen und wachsen auch dort, wo sich andere Pflanzen nicht wohlfühlen würden. Verwenden Sie vor allem Waldpflanzen für dunkle Schattenbereiche. Viele Wildblumen gedeihen aber auch im helleren, lichten Schatten.

Roter Fingerhut *Digitalis purpurea*
Der Fingerhut mit seinen unverwechselbaren, stattlichen Blüten sät sich überall im Garten selbst aus. Einfach die Samen einsammeln und sie genau dort aussäen, wo man sie haben möchte.

Kleine Braunelle *Prunella vulgaris*
Diese wüchsige kleine Wildpflanze besiedelt oft von selbst schattige Rasenflächen. Sie ist ein anspruchsloser Überlebenskünstler und eine Schönheit, wenn man sie blühen lässt. Ihre lilafarbenen Blüten sind ein Magnet für Bienen und andere Insekten.

Rote Lichtnelke *Silene dioica*
Eine schöne Gartenpflanze für den Schatten, wo ihre Blüten zu leuchten scheinen. Sie bevorzugt feuchte, nährstoffreichere Böden, in denen sie sich gerne selbst aussät.

Nesselblättrige Glockenblume *Campanula trachelium*
Diese Glockenblume ist eine hervorragende Bienenpflanze und eignet sich bestens für schwerere, lehmige Böden und Schatten.

Wiesen-Kerbel *Anthriscus sylvestris*
Der Wiesen-Kerbel fühlt sich im Halbschatten wohl, sät sich selbst aus, wenn man ihn lässt. Er besiedelt auch den trockenen Schatten unter Bäumen und versorgt Insekten mit reichlich Pollen und Nektar aus seinen weißen Blütenwolken.

WEITERE SCHATTENPFLANZEN

Bärlauch	*Allium ursinum*
Echte Nelkenwurz	*Geum urbanum*
Echter Waldmeister	*Galium odoratum*
Echter Ziest/Betonie	*Stachys officinalis*
Engelwurz	*Angelica*-Arten
Gewöhnlicher Wasserdost	*Eupatorium cannabinum*
Knoblauchsrauke	*Alliaria petiolata*
Süßdolde	*Myrrhis odorata*

WILDBLUMEN FÜR TÖPFE UND PFLANZGEFÄSSE

Wenn Sie nur einen kleinen Innenhof oder einen Dachgarten zur Verfügung haben, pflanzen Sie Ihre Wildblumen am besten in Pflanztöpfen, Blumenkästen und Kübeln an. Während manche tiefer wurzelnde bzw. höher wachsende Wildblumen für Töpfe und Pflanzcontainer nicht so gut geeignet sind, gedeihen viele perfekt in dieser Art der Pflanzung. Wildblumen kommen generell mit den trockeneren, schwierigeren Bedingungen in Pflanzgefäßen gut zurecht. Sie müssen zwar immer auch gegossen werden, aber ihnen macht es nichts aus, wenn es von Zeit zu Zeit etwas trockener ist. Außerdem lieben die meisten Wildblumen Sonne – ideal für exponierte Dachgärten – während andere, die nicht so viel Sonne vertragen, hervorragend in schattigen Hinterhöfen und Treppenaufgängen gedeihen.

Je größer das Gefäß ist, desto mehr unterschiedliche Wildblumen können hineingepackt werden. Dabei ist es wichtig, dass Sie für eine gute Drainage sorgen, indem Sie Ihre Töpfe auf »Füße« oder Ziegelsteine stellen, damit keine Staunässe entsteht. Gießen Sie regelmäßig, aber nur, wenn sich das Substrat trocken anfühlt. Mischen Sie Ihrer gekauften Pflanzerde etwas Lehm bzw. etwas Gartenerde und Sand hinzu, um das Pflanzsubstrat offener, körniger und nährstoffärmer zu machen – genau das, was Wildblumen wollen.

MEINE LIEBLINGSWILDBLUMEN FÜR TÖPFE

Gewöhnliche Kuhschelle *Pulsatilla vulgaris*

Eine zierliche Pflanze, die im Frühjahr mit ihren prächtigen, seidigen, violetten Blüten, gefolgt von gefiederten Samenköpfen, eine wahre Pracht ist. Darüber hinaus ist nach der Blüte auch das farnartige Laub sehr dekorativ. Lassen Sie sie in Ruhe, wenn sie einmal gepflanzt ist, denn sie mag es nicht, versetzt zu werden.

Acker-Witwenblume *Knautia arvensis*
Mit ihren hohen, lilafarbenen Blütenständen eignet sie sich perfekt für größere Töpfe und Kübel. Ihr gefiedertes Blattwerk ist attraktiv und sie bildet immer wieder neue Blüten, wenn man verblühte Triebe regelmäßig entfernt.

Echter Waldmeister *Galium odoratum*
Er ist zwar klein und zierlich, aber im Kübel kann er sich wunderbar entfalten. Sein frisches Laub besticht im Frühjahr mit einem kräftigen Grünton und die kleinen, weißen Blüten leuchten ganz besonders in schattigen und etwas dunkleren Ecken.

Orangerotes Habichtskraut *Pilosella aurantiaca*
Seine satten, feuerroten Blüten wirken besonders schön in einem großen Gefäß zusammen mit Gräsern und anderen Wildblumen.

Wilder Majoran/Oregano und Echter Thymian *Origanum vulgare* **und** *Thymus*-**Arten**
In der Stadt kann man mit Wildkräutern in Töpfen und Pflanzgefäßen eigentlich nichts falsch machen. Sie sind nicht nur einfach anzubauen und ideal für bestäubende Insekten, sondern auch zum Kochen geeignet.

Es gibt eine große Auswahl, darunter viele verschiedene Majoran- und Thymianarten.

MEHR PFLANZEN FÜR TÖPFE UND PFLANZGEFÄSSE

MIT SCHWACHEM WACHSTUM

Gewöhnlicher Hornklee	*Lotus corniculatus*
Hunds-Veilchen	*Viola canina*
Rundblättrige Glockenblume	*Campanula rotundifolia*
Stängellose Schlüsselblume	*Primula vulgaris*
Wald-Erdbeere	*Fragaria vesca*
Wiesenklee/Rotklee	*Trifolium pratense*

ETWAS HÖHERE ARTEN

Ähriger Ehrenpreis	*Veronica spicata*
Echtes Leinkraut	*Linaria vulgaris*
Purpur-Leinkraut	*Linaria purpurea*
Rote Lichtnelke	*Silene dioica*
Skabiosen-Flockenblume	*Centaurea scabiosa*

EINJÄHRIGE PFLANZEN

Klatschmohn	*Papaver rhoeas*
Kornblume	*Centaurea cyanus*

ZWIEBELGEWÄCHSE

Gelbe Narzisse	*Narcissus pseudonarcissus*
Kleines Schneeglöckchen	*Galanthus nivalis*
Schachbrettblume	*Fritillaria meleagris*

WILDBLUMEN MIT AMERIKANISCHEM URSPRUNG

Möchten Sie Ihre Auswahl an Wildblumen durch einige schöne nicht einheimische Pflanzen ergänzen, finden Sie im Folgenden eine kurze Liste mit einigen interessanten Vorschlägen. Die größte Auswahl bietet hier der nordamerikanische Kontinent. Das Klima in Nordamerika ist in weiten Teilen dem in Europa sehr ähnlich, es kann jedoch je nach Region sehr unterschiedlich sein. Viele dieser auch bei uns verbreiteten Wildblumen wachsen in mehr als einer Region.

NORDOSTEN

Kanadische Akelei	*Aquilegia canadensis*
Sumpf-Seidenpflanze	*Asclepias incarnata*
Knollige Seidenpflanze	*Asclepias tuberosa*
Raublatt-Aster	*Symphyotrichum novae-angliae*
Lanzettblättriges Mädchenauge	*Coreopsis lanceolata*
Purpur-Wasserdost	*Eutrochium purpureum*
Kokardenblume	*Gaillardia pulchella*
Gewöhnliches Sonnenauge	*Heliopsis helianthoides*
Ährige Prachtscharte	*Liatris spicata*
Wilde Indianernessel/Bergamotte	*Monarda fistulosa*
Gemeine Nachtkerze	*Oenothera biennis*
Rauer Garten-Sonnenhut	*Rudbeckia hirta*

SÜDOSTEN

Knollige Seidenpflanze	*Asclepias tuberosa*
Lanzettblättriges Mädchenauge	*Coreopsis lanceolata*

Färber-Mädchenauge	*Coreopsis tinctoria*
Purpur-Sonnenhut	*Echinacea purpurea*
Kokardenblume	*Gaillardia pulchella*
Ährige Prachtscharte	*Liatris spicata*
Zitronen-Indianernessel/-Monarde	*Monarda citriodora*
Präriesonnenhut	*Ratibida columnifera*
Rauer Garten-Sonnenhut	*Rudbeckia hirta*

MITTLERER WESTEN

Kanadische Akelei	*Aquilegia canadensis*
Knollige Seidenpflanze	*Asclepias tuberosa*
Ährige Prachtscharte	*Liatris spicata*
Indigolupine/Blaue Färberhülse	*Baptisia australis*
Raublatt-Aster	*Symphyotrichum novae-angliae*
Hohes Mädchenauge	*Coreopsis tripteris*
Purpur-Sonnenhut	*Echinacea purpurea*
Gefleckter Wasserdost	*Eupatorium maculatum*
Gewöhnliches Sonnenauge	*Heliopsis helianthoides*
Rauer Garten-Sonnenhut	*Rudbeckia hirta*
Breitblättrige Goldrute	*Solidago flexicaulis*

SÜDWESTEN

Färber-Mädchenauge	*Coreopsis tinctoria*
Wüsten-Ringelblume	*Baileya multiradiata*
Kalifornischer Mohn	*Eschscholzia californica*
Kokardenblume	*Gaillardia pulchella*
Ährige Prachtscharte	*Liatris spicata*

Stauden-Lein	*Linum perenne*
Arizona-Lupine	*Lupinus arizonicus*
Gemeine Nachtkerze	*Oenothera biennis*
Kleine Phazelie	*Phacelia minor*
Präriesonnenhut	*Ratibida columnifera*
Vogeläuglein	*Gilia tricolor*
Gefleckte Hainblume	*Nemophila maculata*

WESTEN

Rocky-Mountain-Akelei	*Aquilegia coerulea*
Glatte Aster	*Symphyotrichum laeve*
Rocky-Mountain-Spinnenblume	*Cleome serrulata*
Färber-Mädchenauge	*Coreopsis tinctoria*
Feinstrahlaster	*Erigeron speciosus*
Kokardenblume	*Gaillardia pulchella*
Blaues Sperrkraut	*Gilia capitata*
Stauden-Lein	*Linum perenne*
Gemeine Nachtkerze	*Oenothera biennis*
Präriesonnenhut	*Ratibida columnifera*
Rauer Garten-Sonnenhut	*Rudbeckia hirta*

PAZIFISCHER NORDWESTEN

Färber-Mädchenauge	*Coreopsis tinctoria*
Kalifornischer Mohn	*Eschscholzia californica*
Blaues Sperrkraut	*Gilia capitata*
Stauden-Lein	*Linum perenne*
Vielblättrige/Stauden-Lupine	*Lupinus polyphyllus*

Ährige Prachtscharte	*Liatris spicata*
Gefleckte Hainblume	*Nemophila maculata*
Gemeine Nachtkerze	*Oenothera biennis*
Liebeshainblume	*Nemophila menziesii*
Kleine Phazelie	*Phacelia minor*

WILDBLUMEN FÜR JEDEN GARTEN

NATÜRLICHE FREUNDSCHAFTEN

KRABBENSPINNEN

Wenn Sie eine Blume genau anschauen, entdecken Sie vielleicht unter mancher Blüte eine grazile Krabbenspinne, die dort auf Beute lauert. Sie gehört zu den artenreichsten Webspinnen in Europa. Ihren Namen verdanken diese Lauerjäger ihren kräftigen, zangenartigen Vorderbeinen und der Tatsache, dass sie seitwärts laufen können. Nicht alle sind jedoch so auffällig wie die Veränderliche Krabbenspinne (*Misumena vatia*).

Diese cleveren kleinen Spinnentiere sind gerissene Jäger. Im Gegensatz zu vielen anderen Spinnen, die typischerweise braun oder grau sind, kann die Veränderliche Krabbenspinne leuchtend weiß oder sonnengelb sein – eine perfekte Tarnung zwischen den Blüten, in denen sie auf Beute wartet. Sie kann zur Tarnung sogar aktiv ihre Farbe ändern, obwohl sie meist weiß ist.

Veränderliche Krabbenspinnen spinnen kein Netz wie andere Spinnen. Stattdessen verstecken sie sich mit ausgestreckten Vorderbeinen und warten darauf, dass unglückliche Fliegen, Bienen oder Schmetterlinge auf »ihrer« Blüte landen. Ihre kräftigen Vorderbeine eignen sich ideal, um Bienen, die mit Pollensammeln beschäftigt sind, aufzulauern. Obwohl sie nicht zu den häufigsten Spinnen gehören, kann man sie mit großer Wahrscheinlichkeit entdecken, da sie vor allem tagsüber aktiv sind, wenn die Insekten um die Blüten schwirren.

WILDBLUMEN-KUNDE

WIESEN-KERBEL

Der Wiesen-Kerbel (*Anthricus sylvestris*) ist eine dieser Wildpflanzen mit zahllosen regionalen Namen, von denen die schönsten vielleicht »Hundekümmel« sowie »Kuh- oder Eselspeterlein« sind. Er gehört zur Familie der Doldenblütler (*Apiaceae*) und ist eng mit Pflanzen wie Möhre und Dill verwandt. Der Wiesen-Kerbel blüht früh im Jahr, schon im Mai und Anfang Juni ist er der erste Doldenblütler, der im Jahresverlauf zu blühen beginnt. Die Pflanze ist in ganz Eurasien verbreitet und wächst sowohl in Tallagen als auch bis zur Baumgrenze der Alpen. Sie bevorzugt sonnige bis halbschattige Standorte auf frischen, stickstoffreichen Böden. Der Wiesen-Kerbel zieht zahlreiche Insekten an, darunter Wildbienen, Schwebfliegen und Schmetterlinge.

Sein englischer Name »Queen Anne's Lace« geht auf eine Volkserzählung zurück, die besagt, dass die üppig zarte Blütenpracht des Wiesen-Kerbels nur von den

graziösen Spitzengewändern der englischen Königin Anne (1665–1714, erste Herrscherin des Königreichs von Großbritannien) und ihrer Hofdamen übertroffen wurde. Es heißt auch, dass Königin Anne die Angewohnheit hatte, im Mai zu reisen, wenn die Wegränder und Wiesen entlang der Straßen, die sie passierte, mit seinen zierlichen Blüten übersät waren.

Beim Sammeln in der Natur sollte man darauf achten, ihn nicht mit anderen giftigen Doldenblütlern wie dem Gefleckten Schierling (*Conium maculatum*) zu verwechseln. Andere gebräuchliche Namen wie »Wolfswurzel« für diese zarte Blume wurden zum Teil wohl verwendet, um vor allem Kinder davon abzuhalten, ihn zu pflücken. In letzter Zeit erfreuen sich diese hübschen Wildblumen jedoch sowohl als Schnittblumen wie auch im Blumenbeet im Garten wieder einer wohlverdienten Beliebtheit.

KAPITEL 7

WILDBLUMEN FÜR JEDE JAHRESZEIT

Das Beste, was Sie für die heimische Tierwelt tun können, ist, dafür zu sorgen, dass diese das ganze Jahr über blühende Pflanzen und Früchte in Ihrem Garten finden. Das ist nicht ganz einfach zu erreichen, es sei denn, man hat einen wirklich großen Garten. Aber man kann seinen Beitrag dazu leisten, indem man ein möglichst großes Spektrum an Blumen, Sträuchern und Bäumen anpflanzt. Wenn man ausschließlich heimische Wildblumen pflanzt, hat man zwar keine riesige Auswahl, aber sie sollte den größten Teil des Jahres abdecken. Sie können Ihren Garten dann zusätzlich noch durch ein paar sorgfältig ausgewählte nicht einheimische Wildpflanzen ergänzen. Die größte Auswahl bietet hier der nordamerikanische Kontinent. Wenn Sie sich dabei aber ausschließlich auf Blumen beschränken, ist die Auswahl trotzdem begrenzt, selbst wenn Sie einjährige Pflanzen, Blumenzwiebeln und auch Stauden mit einbeziehen. Es lohnt sich also, auch immer ein oder zwei Sträucher oder Bäume zu pflanzen, wenn Sie sie unterbringen können. Dies ist mein Leitfaden für die besten Wildblumen für jede Jahreszeit, die für die meisten Gärten geeignet sind, ergänzt durch einige empfehlenswerte nicht heimische Wildblumen aus dem amerikanischen Raum. Denken Sie daran, dass die Liste der weiteren Pflanzen am Ende nicht alle Wildblumen enthalten kann, sie sind eher als zusätzliche Vorschläge anzusehen.

FRÜHLING

Frühlingsblumen sind in der Regel robust und widerstandsfähig, sie überstehen Kälte und Regen, aber auch Trockenperioden erstaunlich gut. Viele dieser Blumen eignen sich hervorragend für die Bepflanzung von Kübeln und Töpfen, und einige,

wie Primeln und Veilchen, werden in vielen Farben und Formen gezüchtet. Doch Vorsicht: Sie sehen den wilden Arten zwar ähnlich, sind aber bei Weitem nicht so gut für die Tierwelt, da sie oft weniger Nektar und Pollen bieten als die ursprünglichen Wildformen. Halten Sie sich deshalb lieber an Wildblumen, die mit Sicherheit Wildtiere mehr zu bieten haben.

EUROPÄISCHE WILDBLUMEN

Echte Schlüsselblume *Primula veris*

Wiesen und Gehölzränder mit leuchtend gelben, üppig blühenden Schlüsselblumen sind im späten Frühjahr keine Seltenheit, vor allem auf kalkhaltigen Böden. Schlüsselblumen sind für die Tierwelt im Garten wichtig, denn ihre Blüten bieten eine frühe Nektarquelle für verschiedene Insekten, darunter Bienen, Käfer und Schmetterlinge wie den Zitronenfalter. Speziell für die Raupen des Schlüsselblumen-Würfelfalters sind Schlüsselblumen und Primeln auch Nahrungspflanzen.

Atlantisches Hasenglöckchen *Hyacinthoides non-scripta*
Das Atlantische Hasenglöckchen ist eine zierliche Waldblume, die in freier Natur oft ganze Blütenteppiche bildet. Sie eignet sich vor allem für humose, schattige Bereiche unter Laubbäumen mit überhängenden Ästen. Wahrscheinlich wächst in Ihrem Garten bereits das wuchernde Spanische Hasenglöckchen, das sich leicht selbst aussät und nur schwer einzudämmen ist. Besorgniserregend ist, dass es sich mit dem Atlantischen Hasenglöckchen kreuzt und dessen Existenz bedroht, da sich dadurch der Genpool verdünnt.

Rote Lichtnelke *Silene dioica*
Diese leicht zu vermehrende Wildblume setzt im späten Frühjahr kräftige rosa-rote Farbtupfer im Garten. Sie liebt Sonne und lichten Schatten an Gehölz- und Heckenrändern, wächst aber auch an einem Zaun oder einer Mauer, wo ihre hohen Blütenstängel und leuchtenden Blüten nicht nur die Blicke auf sich ziehen, sondern auch das Interesse verschiedener Bienen, Schmetterlinge und Schwebfliegen wecken.

Wiesen-Kerbel *Anthriscus sylvestris*
Eine Vielzahl filigraner weißer Blüten und farnartiges Laub machen diese Spätfrühlingsblume zu einem echten Hingucker. Der Wiesen-Kerbel ist sehr einfach aus Samen zu ziehen, selbst auf nährstoffarmen Böden, und er fühlt sich sowohl im Halbschatten als auch in voller Sonne wohl. Schade ist nur, dass seine Blütezeit bereits Mitte Juni vorbei ist.

MEHR FRÜHLINGSBLUMEN

Bärlauch	*Allium ursinum*
Buschwindröschen	*Anemone nemorosa*
Gänseblümchen	*Bellis perennis*

Gelbe Narzisse	*Narcissus pseudonarcissus*
Gewöhnliche Kuhschelle	*Pulsatilla vulgaris*
Gewöhnlicher Löwenzahn	*Taraxacum officinale*
Hahnenfuß	*Ranunculus*-Arten
Leberblümchen	*Hepatica nobilis*
Schachbrettblume	*Fritillaria meleagris*
Scharbockskraut	*Ficaria verna*
Taubnesseln	*Lamium*-Arten
Veilchen	*Viola*-Arten
Vergissmeinnicht	*Myosotis*-Arten

WILDBLUMEN MIT AMERIKANISCHEM URSPRUNG

Virginische Blauglöckchen *Mertensia virginica*

Die amerikanische Wildblume wächst in ihrer Heimat in feuchten Wäldern und Flussauen. Diese mehrjährige Zwiebelpflanze trägt früh im Frühjahr purpurrosa Knospen, die sich zu himmelblauen Blütenglocken mit einem zarten, süßen Duft öffnen. Die röhrenförmigen Blüten werden von Hummeln, verschiedenen Schmetterlingsarten und Nachtfaltern angeflogen.

Kapuzen-Herzblume *Dicentra cucullaria*

Angeblich sehen ihre Blüten aus wie umgedreht zum Trocknen aufgehängte mittelalterliche Pluderhosen. Die ungewöhnliche Blütenform schützt den Pollen vor Wind und Regen. Nur weibliche Hummeln können mit ihren langen Zungen den Nektar tief im Inneren der Blüte erreichen und die Pflanze bestäuben. Sie sind auch in Europa leicht zu kultivieren.

Ostamerikanischer Hundszahn *Erythronium americanum*
Diese früh blühende und einfach zu kultivierende Lilie ist mit ihren gelben, gebogenen Blütenblättern eine wahre Schönheit. Sie ist eine elegante Ergänzung für europäische Gärten.

Aufrechte Waldlilie *Trillium erectum*
Diese auffällige Pflanze hat drei herzförmige Laubblätter, drei große, rote Blütenblätter und drei grüne Kelchblätter. Die in den USA beheimatete Waldpflanze bevorzugt einen humusreichen Boden sowie lichten Schatten unter Laub- oder Nadelbäumen. Die Pflanze ist gut winterhart, wächst langsam und erreicht eine stattliche Höhe.

Cardamine concatenata
Diese Frühjahrs-Wildblume besiedelt in ihrer Heimat feuchte Wälder und Lichtungen hat würzig schmeckende, essbare Blätter und Rhizome. Daher lautet auch einer ihrer gebräuchlichen Namen, »Pfefferwurz«. Die Blüten ziehen früh fliegende Insekten und Schmetterlinge an, und die Pflanze ist eine großartige Ergänzung für Waldgärten oder schattige Rabatten.

MEHR FRÜHLINGSBLUMEN

Dreiblatt-Feuerkolben	*Arisaema triphyllum*
Herzblättrige Schaumblüte	*Tiarella cordifolia*
Kanadische Blutwurz	*Sanguinaria canadensis*
Scharlachrotes Leimkraut	*Silene virginica*
Zweiblütiges Salomonssiegel	*Polygonatum biflorum*
Zwerg-Herzblume	*Dicentra eximia*

SOMMER

Der Sommer bietet eine Fülle von unterschiedlichen Wildblumenarten, von fröhlichen Gänseblümchen, knalligen Mohnblumen und leuchtenden Butterblumen bis hin zu eleganten Kornblumen und sattblauen Storchschnäbeln. Einige von ihnen, wie z. B. Mohn, blühen nur kurz. Sie nutzen jeden Moment Sonne, blühen morgens auf, locken ihre Bestäuber an, bevor sie nach wenigen Tagen verblühen und Samen ansetzen. Andere, wie Flocken- bzw. Kornblumen, sind langlebig und blühen bis in den Spätsommer hinein. Viele der klassischen Wiesenblumen wie Gräser, Margeriten und Mohn blühen im Frühsommer, während andere, darunter die Stars der US-Prärie wie *Rudbeckia* und Sonnenhut, erst im Spätsommer blühen.

EUROPÄISCHE WILDBLUMEN

Wiesen-Storchschnabel *Geranium pratense*

Die Wildform des Storchschnabels ist mit ihren violettblauen Blüten und ihren schön geschnittenen, sattgrünen Blättern eine wahre Sommerschönheit. So sehr, dass es neben der Wildform auch viele verschiedene daraus gezüchtete Arten gibt. Alle sind eine Bereicherung für den Garten und für die Tierwelt, insbesondere für Bienen und Falter.

Gemeine Schafgarbe *Achillea millefolium*

Die wilde Schafgarbe bildet den ganzen Sommer über flache, weiße bis zartrosa Blütenköpfe über gefiederten Blättern und ist einfach zu kultivieren. Es gibt auch viele Zuchtformen in allen möglichen anderen Farben, von Gelb bis hin zu kräftigem Rosa.

Echtes Johanniskraut *Hypericum perforatum*
Mit ihren sternförmigen gelben Blüten und kräftigen Stängeln blüht die Wildblume von Juni bis September und ist ein Magnet für alle bestäubenden Insekten.

Moschus-Malve *Malva moschata*
Mit ihren offenen, zartrosa Blüten ist sie ein Blickfang und in den meisten Gärten leicht zu kultivieren, vor allem auf kalkhaltigen Böden.

Wiesen-Margerite *Leucanthemum vulgare*
Die schlichte und blühfreudige Wiesen-Margerite kann sich bei idealen Bedingungen rasch ausbreiten und sich auch in anderen Bereichen des Gartens durch Selbstaussaat ansiedeln. Sie fühlt sich in den meisten Böden wohl und liebt die Sonne, aber halten Sie sie im Zaum.

MEHR SOMMERBLUMEN

Echter Wundklee	*Anthyllis vulneraria*
Echtes Labkraut	*Galium verum*
Echtes Mädesüß	*Filipendula ulmaria*
Flockenblume	*Centaurea*-Arten
Gemeiner Rainkohl	*Lapsana communis*
Gewöhnlicher Blutweiderich	*Lythrum salicaria*
Gewöhnlicher Hornklee	*Lotus corniculatus*
Gewöhnlicher Teufelsabbiss	*Succisa pratensis*
Gewöhnliches Ferkelkraut	*Hypochaeris radicata*
Große Sternmiere	*Rebelera holostea*
Klee	*Trifolium*-Arten
Kleine Braunelle	*Prunella vulgaris*

Kleiner Klappertopf	*Rhinanthus minor*
Knoblauchsraute	*Alliaria petiolata*
Königskerze	*Verbascum*-Arten
Kornblume	*Centaurea cyanus*
Löwenzahn	*Leontodon*-Arten
Orangerotes Habichtskraut	*Pilosella aurantiaca*
Saat-Wicke	*Vicia sativa*
Saat-Wucherblume	*Glebionis segetum*
Schmalblättriges Weidenröschen	*Chamaenerion angustifolium*
Spitzwegerich	*Plantago lanceolata*
Wiesen-Platterbse	*Lathyrus pratensis*

WILDBLUMEN MIT AMERIKANISCHEM URSPRUNG

Rauer Garten-Sonnenhut *Rudbeckia hirta*

Eine klassische Staude für den Garten mit goldgelben, radförmigen Blüten mit einen dunklen Zentrum, die vom Spätsommer bis in den Herbst hinein blüht und dem Garten auch spät im Jahr Struktur verleiht.

Purpur-Sonnenhut *Echinacea purpurea*

Diese widerstandsfähigen Stauden haben lange, zungenformige Blütenblätter, die einen stacheligen, orangefarbenen Blütenkegel umgeben und vom Hochsommer bis zum ersten Frost blühen.

Gewöhnliche Sonnenbraut *Helenium autumnale*

Diese leicht zu kultivierenden Stauden blühen bis in den Herbst hinein mit sonnengelben Blüten in der Wildform und satten Rot- und Rosttönen in den gezüchteten Sorten. Alle eignen sich gut für Bienen und andere Bestäuber.

Wilde Lupine *Lupinus perennis*

Diese Pflanze, die in der freien Natur oft ganze Hänge und Wiesen bedeckt, eignet sich mit ihren violettblauen Blüten auch hervorragend für den Garten.

Kalifornischer Mohn *Eschscholzia californica*

Der Kalifornische Mohn ist ideal für trockene Standorte in Gärten und hat orangefarbene Blüten, die von Bienen und Schmetterlingen gerne bestäubt werden.

MEHR SOMMERBLUMEN

Goldrute	*Solidago*-Arten
Kardinals-Lobelie	*Lobelia cardinalis*
Kriechende Jakobsleiter	*Polemonium reptans*
Lanzen-Eisenkraut	*Verbena hastata*
Prachtscharte	*Liatris*-Arten
Raublatt-Aster	*Symphyotrichum novae-angliae*
Wilde Indianernessel/Bergamotte	*Monarda fistulosa*

HERBST UND WINTER

Wenn die Nächte kürzer werden, blühen viele Pflanzen ein letztes Mal, bevor sie sich auf die Produktion von Samen und Samenkapseln konzentrieren. Im Herbst blühen noch letzte Astern, und auch die dekorativen Samenstände von Karden sind vor allen bei Vögeln beliebt. Im Winter dagegen sind Blüten rar gesät, jetzt stehen Samen und Früchte im Mittelpunkt und bieten vielen hungrigen Vögeln eine willkommene Mahlzeit.

EUROPÄISCHE WILDBLUMEN

Stängellose Schlüsselblume *Primula vulgaris*

Dieser Frühlingsbote blüht oft schon im Dezember in Wäldern, Hecken und auf Wiesen, wo er wild wächst. Diese Primelart blüht bis in den Mai hinein, und die zarten, gelb- bis cremefarbenen Blüten sind eine wunderbare Bereicherung in Pflanztöpfen, Rabatten und an Heckenrändern. Die Blüten locken Bestäuber wie den Zitronenfalter sowie die ersten Hummeln und Honigbienen an.

Gewöhnliche Kratzdistel *Cirsium vulgare*

Obwohl sie hauptsächlich vom Hochsommer bis in den Herbst hinein blüht, sollte man sich nicht wundern, wenn diese stämmige, robuste Pflanze auch noch zu Beginn des Winters blüht. Sie ist eine bedeutende Pflanze für viele Tierarten – ihre stacheligen, violetten Blütenköpfe sind für Schmetterlinge äußerst attraktiv, und samenfressende Vögel, wie z. B. Stieglitze, werden von ihnen angezogen, sobald sie Samen gebildet haben.

Scharbockskraut *Ficaria verna*

Diese niedrig wachsende Wildblume erscheint bereits im Januar und blüht bis in den Mai hinein, wobei sie massenhaft leuchtend gelbe Blüten hervorbringt, die eine wertvolle Nektarquelle für alle frühen Insekten darstellen. Sie ist eine ideale Pflanze für ungünstige Stellen im Garten, z. B. unter einer Hecke oder unter dichten Bäumen, wo sie sich gerne ausbreitet.

Wilde Karde *Dipsacus fullonum*

Die auffälligen Stängel und Samenköpfe der Karde bleiben noch lange nach dem Absterben der Pflanze den Winter über erhalten. Diese Stängel bieten Insekten und anderen kleinen Tieren einen hervorragenden Unterschlupf, während ihre Samenstände bei Vögeln sehr beliebt sind.

Kleines Schneeglöckchen *Galanthus nivalis*

Als echte Winterblüher lassen sich Schneeglöckchen leicht an feuchten, schattigen Stellen im Garten einbürgern, und ihre eleganten Blüten erscheinen im Februar genau zur richtigen Zeit für frühe Insekten.

MEHR HERBST- UND WINTERBLUMEN

Acker-Witwenblume	*Knautia arvensis*
Echtes Leinkraut	*Linaria vulgaris*
Gänseblümchen	*Bellis perennis*
Gelbe Narzisse	*Narcissus pseudonarcissus*
Gewöhnliche Waldrebe	*Klematis vitalba*
Gewöhnlicher Teufelsabbiss	*Succisa pratensis*
Herbst-Löwenzahn	*Leontodon autumnalis*
Stinkende Nieswurz	*Helleborus foetidus*
Winterling	*Eranthus hyemalis*

WILDBLUMEN MIT AMERIKANISCHEM URSPRUNG

Pracht-Seidenpflanze *Asclepias speciose*

Die eindrucksvollen Samenstände der Pracht-Seidenpflanze reifen im Frühherbst aus und platzen dann auf. Sie verleihen dem Garten eine besondere Note. Ihre duftenden Blütensterne sind im Hochsommer eine wichtige Nahrungsquelle für viele Bienen und Schmetterlinge.

Weiße Prärie-Aster *Symphyotrichum falcatum*

Der Herbst ist die Zeit der Astern in den Prärien der Great Plains. Diese Wildblume ist auch eine großartige Ergänzung für europäische Gärten.

Sumpf-Sonnenblume *Helianthus angustifolius*

Die späten goldenen Blüten von *Helianthus angustifolius* sind bei Bienen sehr beliebt und werden durch das dunkelgrüne Laub schön akzentuiert.

Kandelaberehrenpreis *Veronicastrum virginicum*

Nachdem es den ganzen Sommer über geblüht hat und mit seinen Blütenfackeln Unmengen von Insekten angelockt hat, bleiben die vertrockneten Blütenstände den ganzen Winter über stehen. Es gedeiht am besten in mittelfeuchten bis feuchten Böden in voller Sonne.

Anis-Duftnessel *Agastache foeniculum*

Diese in den nördlichen Regionen der USA beheimatete, trockenheitstolerante Pflanze hat hübsche violette Blüten, die sich im Sommer über Monate hinweg zeigen. Insekten lieben sie. Ihr Laub riecht nach Lakritze, und die winterlichen Stängel und Samenköpfe sehen toll aus und bieten Nahrung für Vögel und andere Gartenbewohner.

MEHR HERBST- UND WINTERBLUMEN

Dreiblütige Nelkenwurz	*Geum triflorum*
Gefleckter Wasserdost	*Eutrochium maculatum*
Gewürzrinde/Kassie	*Senna hebecarpa*
Herbstminze	*Cunila origanoides*
Indigolupine/Blaue Färberhülse	*Baptisia australis*
Knollige Seidenpflanze	*Asclepias tuberosa*
Palmlilienblättriger Mannstreu	*Eryngium yuccifolium*
Wilde Indianernessel/Bergamotte	*Monarda fistulosa*

NATÜRLICHE FREUNDSCHAFTEN
EICHHÖRNCHEN UND BÄUME

Obwohl ihre Akrobatik sehr unterhaltsam ist, können Eichhörnchen im Garten eine ziemliche Plage sein. Sie fressen im Frühjahr die Blütenknospen der Bäume und mampfen sich durch das Futter, das für die Vögel ausgelegt ist. Aus diesen Gründen sind sie bei manchen Gärtnern nicht sehr beliebt. Aber Eichhörnchen erfüllen in der Natur eine wichtige Aufgabe, indem sie im Herbst Nüsse und andere Samen vergraben und dann vergessen, wo sie versteckt sind. Diese Zerstreutheit spielt eine elementare Rolle bei der Verbreitung von Eichen, Kiefern und Haselnusssträuchern.

Eichhörnchen und viele der Bäume, von denen sie als Nahrung abhängig sind, haben eine enge Beziehung zueinander. Auf den ersten Blick mag diese Beziehung etwas einseitig erscheinen, da die Tiere von den Bäumen in Form von Eicheln, Nüssen und anderen Samen profitieren. Aber das Vergraben ihrer Samen bietet den Bäumen eine weitaus effektivere Verbreitungsmöglichkeit, als sie es selbst könnten, vor allem in »Mastjahren«. Dann produzieren beispielsweise Eichen übermäßig viele Eicheln und überschwemmen die Eichhörnchenpopulation mit einem Überfluss an Nahrung.

Die Eichhörnchen vergraben die Samen wie verrückt überall, verteilen ihre Verstecke weit und breit und kehren schließlich nie zurück, weil es viel zu viele sind, als dass sie jemals dazu kämen, sie zu leeren, geschweige denn, sich zu merken, wo sie sind. Dadurch vergrößern die Bäume ihr Verbreitungsgebiet enorm. Ein weiterer Vorteil ist, dass ihre Nachkommen nicht im Schatten der Elternbäume wachsen müssen und so bessere Startbedingungen haben. Raffiniert.

WILDBLUMEN-KUNDE

JOHANNISKRAUT

Man könnte leicht an dieser unscheinbaren kleinen Wildblume vorbeigehen, ohne sie zu bemerken. Allerdings hat das Johanniskraut viele Geschichten zu erzählen, von magischen Kräften und seiner jahrhundertealten Verwendung in der Kräutermedizin, die bis heute fortbesteht. Das Johanniskraut hat eine Vielzahl von Namen, darunter »Herrgottsblut«, was auf den in seinen Blüten und Knospen enthaltenen blutroten Wirkstoff Hypericin hinweist, der in der Volksmedizin vergangener Zeiten und heute in vielen Medikamenten eingesetzt wurde und wird.

Der Name »Johanniskraut« leitet sich von der einfachen Tatsache ab, dass es um den Johannistag, den 24. Juni, blüht, wodurch es für alle Arten von Mittsommerfesten und -ritualen eingesetzt wurde, die sich hauptsächlich auf die Abwehr böser Geister konzentrierten. Von den alten Griechen bis hin zu Johannes dem Täufer und zum späteren Christentum wurde es zum Schutz der Häuser verwendet, während die Bauern es verbrannten, um ihr Vieh vor Teufeln, Kobolden und Hexen zu schützen. Von alters her wurde es auch als Heilmittel bei Beschwerden durch »Dämonen« eingesetzt.

Diese Praktiken sind inzwischen weitgehend verschwunden, und Johanniskraut wurde lange Zeit nur als Unkraut betrachtet. Heute findet man es wieder in jedem Kräuterladen und jeder Apotheke. Es ist ein wichtiges pflanzliches Heilmittel, das wegen seiner beruhigenden Eigenschaften sehr geschätzt wird.

KAPITEL 8

QUELLEN UND LITERATURTIPPS

Sie werden viele weiterführende Informationen, Meinungen und Ratschläge zu Wildblumen finden, egal wo Sie danach suchen. Was auch immer Ihr Interesse ist – Wildblumen pflanzen, Saatgut kaufen, Wildblumenarten bestimmen – Sie werden auf unzählige Websites, Blogs und Bücher stoßen, um Ihr Interesse zu stillen. Es ist so einfach, sich bei der Lektüre über Wildblumen in mannigfaltige Einzelheiten zu verlieren, dass es ein Wunder ist, dass dieses Buch nicht dreimal so lang wurde. Wir haben im Folgenden einige Quellen aufgelistet, aber Sie werden sicher noch viele weitere finden, da beständig neue Quellen hinzukommen.

BÜCHER

Concise Wild Flower Guide erschienen bei Bloomsbury
Ein handliches Nachschlagewerk, das sich hervorragend zum Mitnehmen auf einen Spaziergang eignet (auf Englisch).

Die Wiesenfibel: Blumen und Gräser nach Farben erkennen von Ralf Worm
Dieses Bestimmungsbuch beschreibt 350 Blumen und Gräser in Pflanzenporträts und informiert über die wichtigsten Erkennungsmerkmale und ähnliche Arten.

Floramour: Wildblumen von Anja Klaffenbach
Ein hochkarätiger Bildband, mit all jenen Wildblumen, die uns an Wegrändern und auf Grünstreifen begegnen.

Wildblumen für Balkon und Terrasse von Nina Keller
Pflanzen für Töpfe, Balkon, Terrasse und Garten, um artenreichen Lebensraum zu schaffen.

***Was blüht denn da* von Margot Spohn**
550 naturgetreue gezeichnete Blütenpflanzen schnell und einfach bestimmen, mit Anbindung an die Bestimmungs-App »Flora Incognita«.

***Wild Flowers by Colour* von Marjorie Blamey**
Ein Leitfaden zur Identifizierung von Blumen in Großbritannien und Nordwesteuropa anhand ihrer Farbe (auf Englisch).

***Wild & bunt. Naturnahe Gärten mit heimischen Pflanzen gestalten* von Simone Kern**
Leicht verständlich und mit vielen Gestaltungsbeispielen erklärt die Gartenplanerin und Landschaftsarchitektin wie Sie Ihren Garten vorbereiten und die passenden Arten auswählen.

***Companion to Wildlife Gardening* von Chris Baines**
Neuauflage des Klassikers »How to Make a Wildlife Garden« für alle Aspekte des Gärtnerns für Wildtiere (auf Englisch).

WEBSITES

Netzwerk Blühende Landschaft Durch naturnahe Garten- und Landschaftsgestaltung gefährdeten Pflanzen und Tieren eine neue Heimat zu geben, hat sich das Netzwerk zum Ziel gesetzt und gibt auch Tipps für Wildblumensaatgut. *bluehende-landschaft.de*

Faltergarten (Projekt der GfS Gesellschaft für Schmetterlingsschutz e. V.) Holen Sie sich hier Tipps und Tricks von Fachleuten, wie Sie Ihren Garten zu einem wunderschönen Lebensraum für Mensch und Insekten machen. *faltergarten.de*

The Wildlife Trusts Informationen über Lebensräume, Veranstaltungen und vieles mehr. *wildlifetrusts.org*

Verein für naturnahe Garten- und Landschaftsgestaltung
Der Verein widmet sich allen Themenbereichen nachhaltiger Gestaltung naturnaher Gärten und Grünflächen, die biologische Vielfalt fördern. *naturgarten.org*

APPS

Die enzyklopädische App **PlantNet** deckt die ganze Welt ab, einschließlich Europa und das Vereinigte Königreich.

iNaturalist Die App für Naturliebhaber – lade ein Bild hoch und erhalte eine schnelle Bestimmung von Pflanzen, Tieren und Vögeln.

LeafSnap enthält hochauflösende Bilder von Blättern, Blüten, Früchten, Samen und Rinde, die die Bestimmung erleichtern.

Die preisgekrönte App **Flora Incognita** ermöglicht die automatische Bestimmung von mehr als 16 000 Pflanzen.

VERZEICHNIS DER PFLANZENNAMEN

Viele Wildblumen haben mehrere gebräuchliche Pflanzennamen, die sich oft je nach Region oder Land unterscheiden. Ich habe mich in der Regel für den geläufigsten entschieden, aber es gibt noch viele mehr.

A
Acker-Hundskamille *Anthemis arvensis*
Acker-Vergissmeinnicht *Myosotis arvensis*
Acker-Witwenblume *Knautia arvensis*
Ährige Prachtscharte *Liatris spicata*
Ähriger Ehrenpreis *Veronica spicata*
Anis-Duftnessel *Agastache foeniculum*
Arizona-Lupine *Lupinus arizonicus*
Atlantisches Hasenglöckchen *Hyacinthoides non-scripta*
Aufrechte Waldlilie *Trillium erectum*

B
Bärlauch *Allium ursinum*
Blaues Sperrkraut *Gilia capitata*
Borretsch *Borago officinalis*
Breitblättrige Goldrute *Solidago flexicaulis*
Buschwindröschen *Anemone nemorosa*

C
Cosmea, Schmuckkörbchen *Cosmos*

D
Dreiblatt-Feuerkolben *Arisaema triphyllum*
Dreiblütige Nelkenwurz *Geum triflorum*

E

Echte Nelkenwurz	*Geum urbanum*
Echte Schlüsselblume	*Primula veris*
Echter Waldmeister	*Galium odoratum*
Echter Wundklee	*Anthyllis vulneraria*
Echter Ziest/Betonie	*Stachys officinalis*
Echtes Johanniskraut	*Hypericum perforatum*
Echtes Labkraut	*Galium verum*
Echtes Leinkraut	*Linaria vulgaris*
Echtes Mädesüß	*Filipendula ulmaria*
Engelwurz	*Angelica*-Arten

F

Färber-Mädchenauge	*Coreopsis tinctoria*
Feinstrahlaster	*Erigeron speciosus*
Feldrittersporn	*Consolida*
Flockenblume	*Centaurea*-Arten

G

Gänseblümchen	*Bellis perennis*
Gefleckte Hainblume	*Nemophila maculata*
Gefleckter Wasserdost	*Eupatorium maculatum*
Gelbe Narzisse	*Narcissus pseudonarcissus*
Gemeine Nachtkerze	*Oenothera biennis*
Gemeine Schafgarbe	*Achillea millefolium*
Gemeiner Rainkohl	*Lapsana communis*
Gewöhnliche Kratzdistel	*Cirsium vulgare*
Gewöhnliche Kuhschelle	*Pulsatilla vulgaris*
Gewöhnliche Sonnenbraut	*Helenium autumnale*
Gewöhnliche Waldrebe	*Klematis vitalba*
Gewöhnlicher Blutweiderich	*Lythrum salicaria*
Gewöhnlicher Hornklee	*Lotus corniculatus*
Gewöhnlicher Löwenzahn	*Taraxacum officinale*

Gewöhnlicher Natternkopf	*Echium vulgare*
Gewöhnlicher Teufelsabbiss	*Succisa pratensis*
Gewöhnlicher Wasserdost	*Eupatorium cannabinum*
Gewöhnliches Ferkelkraut	*Hypochaeris radicata*
Gewöhnliches Knäuelgras	*Dactylis glomerata*
Gewöhnliches Sonnenauge	*Heliopsis helianthoides*
Gewürzrinde/Kassie	*Senna hebecarpa*
Glatte Aster	*Symphyotrichum laeve*
Goldrute	*Solidago*-Arten
Große Sternmiere	*Rebelera holostea*

H

Hahnenfuß	*Ranunculus*-Arten
Herbst-Löwenzahn	*Leontodon autumnalis*
Herbstminze	*Cunila origanoides*
Herzblättrige Schaumblüte	*Tiarella cordifolia*
Hohes Mädchenauge	*Coreopsis tripteris*
Hunds-Veilchen	*Viola canina*

I

Indigolupine/Blaue Färberhülse	*Baptisia australis*

K

Kalifornischer Mohn	*Eschscholzia californica*
Kanadische Akelei	*Aquilegia canadensis*
Kanadische Blutwurz	*Sanguinaria canadensis*
Kandelaberehrenpreis	*Veronicastrum virginicum*
Kapuzen-Herzblume	*Dicentra cucullaria*
Kardinals-Lobelie	*Lobelia cardinalis*
Klatschmohn	*Papaver rhoeas*
Klee	*Trifolium*-Arten
Kleine Braunelle	*Prunella vulgaris*
Kleine Phazelie	*Phacelia minor*

Kleiner Klappertopf	*Rhinanthus minor*
Kleiner Wiesenknopf	*Sanguisorba minor*
Kleines Schneeglöckchen	*Galanthus nivalis*
Knoblauchsrauke	*Alliaria petiolata*
Knollige Seidenpflanze	*Asclepias tuberosa*
Kokardenblume	*Gaillardia pulchella*
Königskerze	*Verbascum*-Arten
Kornblume	*Centaurea cyanus*
Kornrade	*Agrostemma githago*
Kriechende Jakobsleiter	*Polemonium reptans*

L

Lanzen-Eisenkraut	*Verbena hastata*
Lanzettblättriges Mädchenauge	*Coreopsis lanceolata*
Leberblümchen	*Hepatica nobilis*
Lein	*Linum*
Liebeshainblume	*Nemophila menziesii*
Löwenzahn	*Leontodon*-Arten

M

Moschus-Malve	*Malva moschata*

N

Nesselblättrige Glockenblume	*Campanula trachelium*

O

Orangerotes Habichtskraut	*Pilosella aurantiaca*
Ostamerikanischer Hundszahn	*Erythronium americanum*

P

Palmlilienblättriger Mannstreu	*Eryngium yuccifolium*
Prachtscharte	*Liatris*-Arten

Pracht-Seidenpflanze *Asclepias speciose*
Präriesonnenhut *Ratibida columnifera*
Purpur-Leinkraut *Linaria purpurea*
Purpur-Sonnenhut *Echinacea purpurea*
Purpur-Wasserdost *Eutrochium purpureum*

R
Rainfarn-Phazelie *Phacelia tanacetifolia*

Raublatt-Aster *Symphyotrichum novae-angliae*

Rauer Garten-Sonnenhut *Rudbeckia hirta*
Ringelblume *Calendula*
Rocky-Mountain-Akelei *Aquilegia coerulea*
Rocky-Mountain-Spinnenblume *Cleome serrulata*
Rote Lichtnelke *Silene dioica*
Roter Fingerhut *Digitalis purpurea*
Rotes Straußgras *Agrostis capillaris*
Rundblättrige Glockenblume *Campanula rotundifolia*

S
Saat-Wicke *Vicia sativa*
Saat-Wucherblume *Chrysanthemum segetum*, Syn.: *Glebionis segetum*

Schachbrettblume *Fritillaria meleagris*
Scharbockskraut *Ficaria verna*
Scharlachrotes Leimkraut *Silene virginica*
Schmalblättriges Weidenröschen *Chamaenerion angustifolium*

Skabiosen-Flockenblume *Centaurea scabiosa*
Sonnenblume *Helianthus*
Spitzwegerich *Plantago lanceolata*

Stängellose Schlüsselblume	*Primula vulgaris*
Stauden-Lein	*Linum perenne*
Stinkende Nieswurz	*Helleborus foetidus*
Sumpf-Seidenpflanze	*Asclepias incarnata*
Sumpf-Sonnenblume	*Helianthus angustifolius*
Süßdolde	*Myrrhis odorata*

T

Tahoka-Gänseblümchen	*Machaeranthera tanacetifolia*
Taubnesseln	*Lamium*-Arten
Thymian	*Thymus*-Arten

V

Veilchen	*Viola*-Arten
Vergissmeinnicht	*Myosotis*-Arten
Vielblättrige/Stauden-Lupine	*Lupinus polyphyllus*
Virginisches Blauglöckchen	*Mertensia virginica*
Vogeläuglein	*Gilia tricolor*

W

Wald-Erdbeere	*Fragaria vesca*
Wegerich	*Plantago*
Weiße Prärie-Aster	*Symphyotrichum falcatum*
Weißklee	*Trifolium repens*
Wiesen-Kammgras	*Cynosurus cristatus*
Wiesen-Kerbel	*Anthriscus sylvestris*
Wiesenklee/Rotklee	*Trifolium pratense*
Wiesen-Margerite	*Leucanthemum vulgare*
Wiesen-Platterbse	*Lathyrus pratensis*
Wiesen-Schaumkraut	*Cardamine pratensis*
Wiesen-Storchschnabel	*Geranium pratense*

Wilde Indianernessel/Bergamotte	*Monarda fistulosa*
Wilde Karde	*Dipsacus fullonum*
Wilde Lupine	*Lupinus perennis*
Wilde Möhre	*Daucus carota*
Wilder Majoran/Oregano	*Origanum vulgare*
Winterling	*Eranthus hyemalis*
Wolliges Honiggras	*Holcus lanatus*
Wucherblume	*Glebionis*
Wüsten-Ringelblume	*Baileya multiradiata*

Z

Zinnie	*Zinnia*
Zitronen-Indianernessel/-Monarde	*Monarda citriodora*
Zittergras	*Briza media*
Zweiblütiges Salomonssiegel	*Polygonatum biflorum*
Zwerg-Herzblume	*Dicentra eximia*

DANKSAGUNG

Meine Bücher wären nur eintönige Worte ohne die wunderbaren Illustrationen von James Weston Lewis, die alles zum Leben erwecken. Vielen Dank, James.

Vielen Dank auch an Claire Harrup, die jede Seite mit einer Vielzahl von Blumen und Kreaturen in all den Bordüren und detaillierten Illustrationen so schön gestaltet hat.

Mein Dank geht auch an die wunderbare Harriet Butt, an Maeve Bargman und an das übrige Quadrille-Team. Es war wie immer eine Freude, mit Ihnen zu arbeiten.

Ein großes Dankeschön gilt auch Jane Graham Maw und Maddy Belton von Graham Maw Christie für ihre ständige Unterstützung und ihren unerschütterlichen Enthusiasmus. Es ist eigentlich zu wenig, aber es muss an dieser Stelle genügen – ganz herzlichen Dank an Sie beide.

Ein besonderer Dank geht an Gerard Russell, Wildblumenzüchter und mein Freund seit gemeinsamen Studientagen, dessen Wissen und Begeisterung damals wie heute ansteckend sind.

Die Originalausgabe erschien 2024 unter dem Titel *Planting Wildflowers* bei
Quadrille Publishing, einem Imprint von Hardie Grant Publishing

Quadrille Publishing
52–54 Southwark Street
London SE1 1UN
www.quadrille.com

Copyright Text © Jane Moore 2024
Copyright Illustrationen © James Weston Lewis 2021, auf den Seiten 11, 27,
45, 63, 83, 95, 113, 131
Copyright Illustrationen © Claire Harrup 2024, auf den Seiten 2, 5, 6-7,
12-13, 14-15, 19, 21, 22-23, 25, 28-29, 30-31, 32, 35, 36-37, 38-39, 40-41,
43, 47, 48, 50-51, 52-53, 54-55, 56-57, 58-59, 61, 64-65, 66-67, 68-69,
70-71, 72-73, 74-75, 76-77, 78-79, 81, 84-85, 86, 89, 90-91, 93, 97, 98,
100, 107, 109, 110-111, 115, 127, 128-129, 134, 139, 142, 144
Copyright Layout © Quadrille Publishing 2024

Aus dem Englischen von Rosa Kratz

1. Auflage 2025

Deutsche Ausgabe Copyright © 2025 Gerstenberg Verlag, Hildesheim
Alle Rechte vorbehalten
Redaktion und Satz: twinbooks, München

Der Gerstenberg Verlag behält sich die Nutzung seiner Inhalte für
Text und Data Mining im Sinne von §44b UrhG ausdrücklich vor.

Printed and bound in China

ISBN 978-3-8369-2206-7
www.gerstenberg-verlag.de